인생 후반기(50+) 꿈을 이루는 생애설계

<생애설계 소개와 연습(워크북)>

한국생애설계협회

머리말

생애설계(Life Planning)는 생활영역(생활분야)별 인생의 꿈을 실현하기 위한 체계적이고 장기적인 계획이다. 생애설계는 생활영역과 생애주기 단계 전체에 관한 계획이므로 아동, 청소년부터 노년까지 모든 연령층에게 필요하다. 그런데 생애설계는 은퇴설계(노후설계)와 같은 생애주기 단계별 설계와 경력설계, 재무설계 등의 생활영역별 설계를 모두 포함하지만 아직도 대부분 사람에게는 생소한 말이다.

2000년대 이전에는 물론 2020년대 현재도 생애설계의 일부인 은퇴설계(노후설계)가 생애설계보다 훨씬 많이 알려져 있고, 은퇴설계 서비스는 공공 및 민간 단체(기업 등)에서도 많이 교육과 상담(카운셀링) 등을 통해 제공되고 있다. 생애설계는 미국과 유럽 등 선진국에서는 20-30년 전부터 초등학교와 중고등학교의 교과목으로 아니면 특별활동의 일부로 가르치고 있으며, 우리나라에도 10여 년 전부터 초등학교 5-6학년 실과 교과서와 중고등학교 가정 교과서에서 가르치고 있다. 그럼에도 불구하고 생애설계의 정확한 의미는 물론 그 원칙과 절차가 구구각각이어서 공통성을 찾기도 대단히 어려운 상황이다. 이에 저자는 생애설계의 정의와 원칙과 절차를 정리하여 2020년에 <생애설계와 시간관리>(서울대학교 출판문화원 간행)라는 책을 내놓았다. 그 책에서 생애설계의 이론적 설명과 더불어 청년, 중년, 노년에 어떻게 실제로 생애설계를 할 수 있는지의 예시도 제시하였다.

책 출판 이후 생애설계가 모든 연령층에 다 필요한데 생애설계를 시작하는 시기가 연령별로 다르기 때문에 시작 시기를 크게 청소년, 청년, 중년/노년의 3개로 나누어 생애설계의 이해와 실습을 같이 할 수 있는 자료가 필요하다고 생각했다. 중년기 이후 사람들이 생애설계에 대한 관심이 가장 크기 때문에 중년기와 노년이 겹쳐 있는 인생 후반기 즉 50+를 대상으로 생애설계의 이론적 이해와 실습을 해볼 수 있도록 <인생 후반기 생애설계 워크북>을 먼저 개발하게 되었다.

이 책이 50+개개인이 향후 30-50년의 생애를 잘 설계하여 실천함으로써 100세까지 건강하고, 활기차고, 행복한 삶을 누리는데 크게 도움되기를 바라마지 않는다.

2025년 1월 최성재·정양범

CONTENTS

머리말

1. 연장되는 인생 후반기의 새로운 의미

100세 시대와 인생 후반기(50+)의 연장   06
연장되는 인생 후반기의 새로운 의미   08
새로운 의미의 인생 후반기는 계획하고 준비해야만 올 수 있다   11

2. 생애설계란 무엇인가?

대부분 사람은 인생의 꿈을 가지고 있다   13
생애설계는 인생의 꿈을 이루기 위한 계획이다   15
생애설계는 인생길 안내 내비게이션이다   20

3. 생애설계는 왜 필요한가?

생애설계가 개인에게 필요한 이유   22
생애설계가 가족과 사회에 필요한 이유   24

4. 생애설계 1단계: 인생의 꿈 확립(확인)

인생의 꿈은 무엇을 말하는가?   27
인생의 꿈은 성격과 적성에 맞아야 바람직하다   31
인생의 꿈이 불분명하면 단기목표에 매달리기 쉽다   32
인생의 꿈이 확립되지 않아도 생애설계를 시작할 수 있다   32
<인생의 꿈 확립 연습>   35

5. 생애설계 2단계: 생애목표 설정

생애목표는 무엇을 말하는가?	41
생애목표는 생애주기 단계 과업의 대부분에 해당한다	42
생애목표 설정(서술) 5원칙: SMART 원칙	47
생애목표의 구분과 설정	49
생애목표 설정 예시	51
인생의 꿈과 연계된 생애목표 설정 예시	55
<생애목표 설정 연습>	58

6. 생애설계 3단계: 시간관리계획 수립과 실천

시간관리란 무엇인가?	62
시간관리 계획은 시간사용 우선순위 결정원칙을 따라야 한다	63
시간관리 계획은 1년 단위로 수립/실천한다	65
시간관리 도구	69
시간관리는 생애설계 실천에도 효과가 크다	70
시간관리는 훈련을 통해 습관화되어야 한다	70
인생의 꿈-생애목표 설정-시간관리 계획수립과 실천 연계 예시	71
생애설계의 실천 전략	72
<시간관리 계획 수립/실천 연습>	81

생애설계 이해를 돕는 권장도서	87

<부록>

<부록>	89
1. 생애설계 의식 및 행동 진단지	90
2. 나의 생애설계서	95

1. 연장되는 인생후반기의 새로운 의미

100세 시대와 인생 후반기(50+)의 연장

우리 국민의 출생시 평균기대수명(간략히 '평균수명', 또는 '기대수명'이라고도 함) <그림 1-1>에서 보듯이 1960년에 비해 2024년에는 남녀 모두 30년 이상 연장되었으며 앞으로도 계속 연장될 것이다.

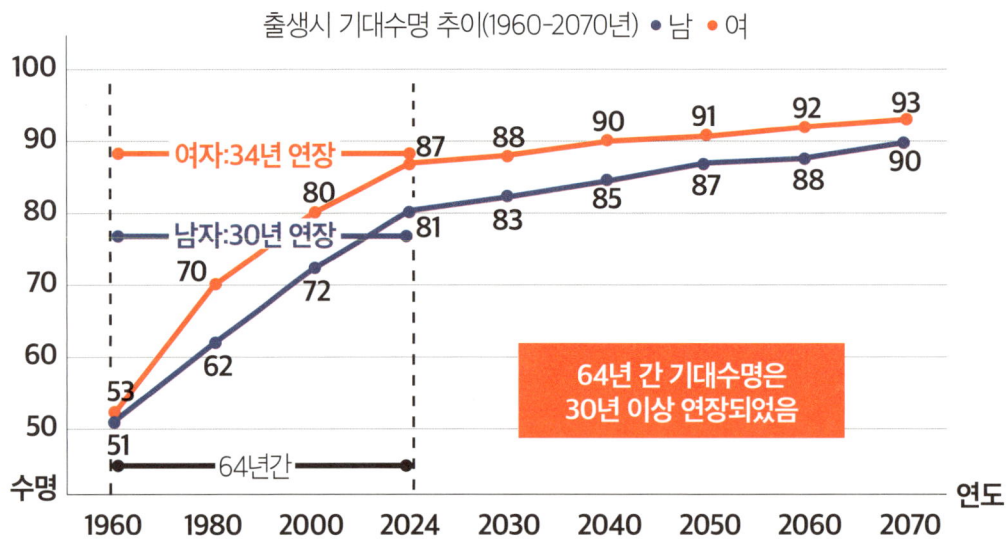

출처: 통계청(2023), 장래인구 추계(2022-2072)

<그림 1-1> 우리 국민의 출생시 기대수명(평균수명) 추이

단순히 '기대수명'이라 할 때는 특정 연도의 특정 연령에서 앞으로 살 수 있을 것으로 기대하는 평균수명을 말한다. 원래는 기대수명이라는 말 앞에 '출생시' 또는 'OO세에서'라는 말을 붙여야 정확한 의미가 된다. 출생시 기대수명은 '0세에서' 앞으로 기대할 수 있는 평균수명이고, '50세에서' 기대수명은 50세에서 앞으로 기대 할 수 있는 평균수명을 말한다. 50+의 경우는 각각 50세에서 기대수명, 60세에서 기대수명 등으로 말해야 더 정확하다. 2022년 50+ 특정 연령에서의 남녀별 기대수명은 <그림 1-2>와 같다.

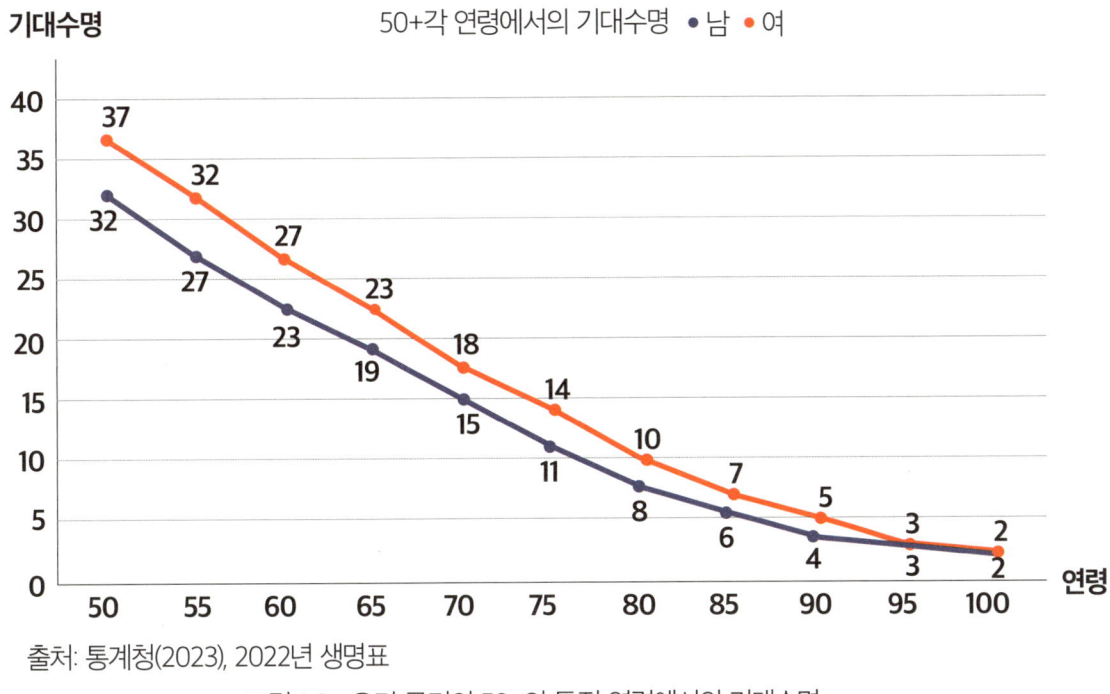

출처: 통계청(2023), 2022년 생명표

<그림 1-2> 우리 국민의 50+의 특정 연령에서의 기대수명

기대수명은 특정연령에서 기대할 수 있는 수명의 평균치이므로 개인별로는 차이가 크다. 즉 사람에 따라 기대수명은 평균치보다 크게 낮을 수도 있고, 크게 높을 수도 있다. 평균치보다 긴 기대수명을 누리는 사람은 100세까지 살 가능성이 더욱 커지고 있어, 100세 시대가 왔다고 해도 과언은 아니다.

출생시 기대수명이 60~70세였던 시기(2000년대 이전)에는 직업에서 퇴직하거나, 전업주부인 경우 자녀들이 성장하여 독립한 후 가사 일이 크게 줄어들게 되면(일종의 퇴직으로 간주함), 평균 10년 이하의 노년기를 보내는 것이 일반적이었다. 따라서 50세를 넘어 퇴직하거나, 가사 일에서 벗어나게 되면, 그 이후 여생인 노년기는 휴식과 여가를 즐기면서 편안하게 보내는 것이 일반적인 삶의 양식이었다. 따라서 노년기는 휴식과 여가의 시간이며, 특별한 활동을 하지 않고 자기관리에 치중하고, 지난 삶을 되돌아보고 인생에 의미를 부여하는 시간 정도로 생각했다.

그러나 2020년대인 현재는 과거와 달리 50세 이후 여생은 30~40년 또는 50년까지도 연장되고, 건강 상태 또한 과거 세대에 비해 크게 향상되고 있다. 이에 많은 사람들은 이렇게 연장되고 있는 50+ 인생에 대해 새로운 의미를 제시하고 있다.

연장되는 인생 후반기의 새로운 의미

1. 개인적 성취(자아성취)가 가능한 시기

영국의 라스렛(Laslett)이라는 학자는 1989에 인생 후반기가 연장되고 있는 것에 주목하여 퇴직 이후 삶에 새로운 의미를 제시하였다. 그는 사람의 일생을 크게 4단계로 나누고 각 단계에 중요한 의미를 제시하였다. 1기 인생(the first age)은 출생해서 공식적 교육을 마칠 때까지 기간으로 교육받는 것이 가장 중요한 의미를 갖는다. 제2기 인생(the second age)은 취업하여 정년퇴직할 때까지 기간으로 일하며 자신, 가족 및 사회에 대해 의무와 책임을 수행하는 것이 가장 중요한 의미를 가진다. 제3기 인생(the third age)은 퇴직 후 건강하게 지내는 시기로 '개인적 성취(personal achievement, 자아성취와 같은 의미)'가 가장 중요한 의미를 가진다. 개인적 성취는 자기 성격과 적성에 맞고 자기가 하고 싶어 하고 원하는 일이나 활동을 하면서 만족감을 느끼는 것을 의미한다. 제4기 인생(the forth age)은 건강하지 못하여 남에게 의존하여 생활할 수밖에 없는 인생의 마지막 시기로 의존이 가장 중요한 의미를 갖는 시기다.

제4기 인생은 누구도 원치 않고 모두가 맞이하는 것도 아니다. 건강을 잘 유지한 사람에게는 제4기 인생은 아주 짧거나 없을 수 있다. 그렇지 못한 사람은 긴 4기 인생을 맞을 수 있다. 사람들은 제3기 인생을 최대한 연장하여 제4기 인생이 오지 않기를 바라고 있다(우리나라에서도 '99-88-2324'를 원함). 이러한 이유에서 서양 사람들은 일생이 제3기 인생으로만 끝나기 바라는 의미에서 노년기를 "제3기 인생"이라 부르고, 또한 '노인(the elderly, 또는 elderly person)'이라는 말을 싫어하기 때문에 노인을 '제3기 인생 사람(the third ager)'이라 부르기도 한다. 제3기 인생을 최대한 연장하는 것은 미리 제3기 인생을 계획하고 준비하여야 가능하다.

2. 제2 성장의 시기

미국의 새들러(Saddler)라는 학자는 2000년에 40세 이후 건강하게 지내는 시기를 제3기 인생이라 부르고, 이 시기의 중요한 의미를 '제2 성장(the second growth)'라 정의하였다. 제2 성장은 "우리가 상상하는 이상의 활기차고 보다 목적 지향적 삶을 위해 자신에게 감추어져 있는 가능성을 발견하고, 개발하는 것"을 의미한다. 새들러는 인생여정을 비행기 여행에 비유했다. 인생에서 고등학교나 대학을 졸업하고 취업하는 것은 비행기를 타고 출발하는 것과 같으며, 직업생활에서 최고의 지위(정점)에 오르는 것을 비행기가 최고 높이에서 비행하는 것과 같고, 직업에서 최고의 지위에 오른 후 정년퇴직하게 되는 것은 비행기가 목적지 비행장에 도착하는 것과 같다고 하였다.

산업사회(대체로 1980년대까지)의 대부분 사람은 본인이 선택한 직업 활동을 계속하며, 50~60대에 최고의 지위나 직업활동의 정점(꼭대기)에 오른 후 안전띠를 매고 퇴직이라는 안전한 비행장에 도착하여 승강장까지 안전하게 이동하는 삶의 여정을 따랐다. 이처럼 비행기를 타고 한 번 정점에 오른 후에 퇴직이라는 안전한 비행장에 도착하여 승강장까지 이동하는 삶의 여정은 대부분 부모, 친척, 학교나 직장의 선배들의 인생여정이었기에 사람들도 이와 같은 인생여정을 따랐다.

수명이 계속 연장되고 있는 2000년대에는 제2 성장의 노력으로 40-50대에 직업경력 분야에서 한 번 최고의 지위나 직업적 활동상태에 오르고, 퇴직하기 전에 미리 퇴직 후 삶을 계획하고 준비하여 또 다른 직업이나 활동을 시작하고, 또 다시 퇴직하기 전에 준비하여 세 번, 그 이상까지도 최고의 지위나 정점에 오르는 삶의 여정을 이어갈 수 있다. 즉 고령화사회인 이제는 제2의 성장으로 40~50대 이후에 퇴직과 재취업/활동을 여러 번 반복할 수 있다. 퇴직은 계획한 다른 일을 위해서 하던 일에서 물러나는 것일 뿐, 일과 사회활동에서 물러나서 휴식과 자기관리에 치중하며 조용히 생활하는 것을 뜻하는 은퇴와는 다르다. 제2 성장의 노력으로 제3기 인생을 100세 장수시대에 걸맞게 의미 있는 삶으로 만들어 갈 수 있다.

3. 인생에서 최고의 행복을 이룰 수 있는 시기

사람은 요람에서 무덤까지 계속 발달(development: 발전과 같은 의미)한다. 발달은 여러 가지 의미를 지닌다. 즉 발달은 여러 가지 능력과 특성이 새롭게 생겨나는 '성장'을 의미하기도 하고, 능력이나 기능의 수준이 질적으로 높아지고 능숙해지고 복합적으로 되는 '성숙'을 의미하기도 하고, 성장시켜 온 능력이나 기능을 계속 발휘하는 '유지'를 의미하기도 하고, 변화되는 개인 내적 및 외적 요인에 잘 대처해 나가는 '적응'을 의미하기도 한다. 다시 말해서 발달(발전)은 "성장, 성숙, 유지, 적응"의 4가지 의미를 다 포함하고 있다.

나이가 많아지면 성장은 느려지거나 멈출 수도 있지만, 노력하면 계속 더 성숙해지고, 능력을 유지하고, 더 잘 적응해 갈 수 있다. 즉 사람은 요람에서 무덤까지 계속 발달(발전)할 수 있다. 특히 인지능력 중 후천적 경험과 학습을 통해 얻어지는 결정화 지능(crystallized intelligence)은 오히려 나이가 많아질수록 계속 높아지거나 높은 수준을 유지할 수 있다. 특히 종합적 판단력은 젊은 나이

때보다 더 좋아진다. 따라서 문제해결 능력과 지혜도 더 많아지게 된다. 행복은 문제가 없는 것에 달려 있기보다는 문제를 잘 해결하는 능력에 달려 있다고 할 수 있다.

수명이 연장되면서 많은 사람은 인생 최고의 시기가 노년기에 올 수 있다는 것을 경험하고 있다. 자신의 인생에서 최고 시기가 아직 오지 않았다면 노력하여 인생 후반기를 인생에서 최고로 행복한 시기로 만들 수 있다. 우리나라의 유명 철학자 김형석 교수는 2024년 현재 104세인데 그는 60~75세의 시기가 인생에서 가장 행복하고 발달이 계속 이루어지는 시기라 했고, 노력하면 무덤으로 가는 날까지도 계속 발달하고 행복을 누릴 수 있다고 한다.

4. 유효기한 없는 인생의 꿈을 실현할 수 있는 시기

대부분 사람은 인생의 꿈을 가지고 있으며 그 꿈이 실현되길 바라고 있다. 인생의 꿈이 명확한 사람도 있고, 명확하지 못한 사람도 있다. 인생의 꿈은 무엇을 위해 (어떤 인생의 가치관을 가지고) 어떤 사람이 되기를 원하는지, 어떻게 살기를 원하는지 등에 대해 명확한 생각이나 태도를 말하며, 막연하게라도 본인 마음속에 가지고 있는 원하는 삶의 모습까지를 포함한다. 인생의 꿈은 다른 말로 미래에 이루고 싶어 하고, 이루어져야 한다고 생각하는 어떤 지위나 상태라 할 수 있다. 그런데 사실 일생을 통해 자신의 인생의 꿈을 이룬 사람들 보다는 꿈을 이루지 못한 사람들이 더 많다.

인생의 꿈은 유효기한이 있는 식품이나 약품 등과는 달리 유효기한이 없다. 인생의 꿈의 유효기한은 바로 무덤으로 가는 그 순간이다. 따라서 인생의 꿈을 무덤으로 가는 그 순간까지도 실현할 수 있다. 인생의 꿈을 일찍 이룬 사람은 또 다른 새로운 꿈을 꾸고 이루어 낼 수 있으며, 중년기까지도 꿈을 못 이룬 사람은 인생 후반기에도 계속 노력하면 무덤에 이르기까지 이루어 낼 수 있다. 인생의 꿈이 생각만으로 그치거나, 실현되지 않으면 그것은 실제로 아무런 의미가 없는 상상, 공상, 환상에 불과하다. 자신의 꿈을 이루기 바란다면 반드시 이루어 내겠다는 의지를 가지고 앞으로의 삶을 어떻게 살아야 할지 계획하고 준비하는 노력이 있어야 그 꿈이 현실로 이루어질 수 있다.

새로운 의미의 인생 후반기는 계획하고 준비해야만 올 수 있다

인생 후반기는 크게 연장되고 있지만 아무런 노력 없이도 누구에게나 인생 후반기가 저절로 연장되는 것은 아니다. 즉, 평균적으로는 인생 후반기가 연장되고 있지만 개인적 노력이 없다면 평균보다 훨씬 더 짧은 삶이 될 수도 있다.

연장되고 있는 30~40년 이상의 인생 후반기를 새로운 의미의 시간으로 만들기 위해서는 삶의 여러 영역에 걸쳐 여생을 어떻게 보낼 것인가를 계획하여 준비하고 실천할 필요가 있다. 인생 후반기에 대하여 새로운 의미를 강조하는 사람들은 여생에 대한 계획을 미리 세워 준비하고 실천하여야 자신이 바라는 의미 있는 인생 후반기를 즐길 수 있다고 한결같이 강조하고 있다.

1900년대 중반(1950년대) 이후 인생 후반기가 계속 연장됨에 따라 퇴직준비 교육과 서비스가 민간 기관과 공공 기관에서 제공되어 왔지만 현재까지도 일반화되지 못하고 있다. 지금까지 제공되어 온 좁은 의미에서의 퇴직준비 교육과 서비스나, 넓은 의미에서의 노후 생애설계(노후설계, 은퇴설계, 노후준비)와 인생 후반기 준비교육과 서비스를 살펴보면, 각 설계의 의미나 정의, 각 설계 간의 관계, 설계의 일반적 원칙, 절차나 방법 등이 크게 서로 다르고, 불분명하여 이해하는데 크게 혼란스럽다.

따라서, 이 워크북에서는 현재까지 시행되어 온 노후준비 또는 퇴직준비, 생애설계, 노후 생애설계의 다양한 교육과 서비스를 검토하고 연구한 한국생애설계협회에서 제시하는 생애설계의 정의, 이론과 절차를 기본적 인생 후반기의 생애설계의 모델로 제시하고자 한다. 여기서 설명하는 생애설계의 기본적 원리와 절차를 잘 이해하고 연습하게 되면 다른 여러 생활영역의 생애설계도 잘 할 수 있을 것이다.

요약

1. 고령화로 인한 수명연장은 세계적 현상이다
- 20세기 후반부터 세계 각국의 출생시 기대수명이 빠르게 늘어나고 있다.
- 우리나라 경우 1960년부터 2024년의 60여 년간 출생시 기대수명은 남녀 모두 30년 이상 연장되어 2024년에는 남자 81세, 여자 86세가 되었고, 향후 계속 연장되어 2070년에는 남자는 90세, 여자는 93세가 될 것으로 예측된다.
- 기대수명은 특정연도에 특정연령에서 앞으로 기대할 수 있는 평균적 수명을 말한다. 그 특정연령이 출생시(0세)이면 '출생시 기대수명', 50세이면 '50세에서 기대수명'이다. 50+경우는 50대 이후 특정연령(55세, 65세, 70세 등)에서 기대수명을 통계적으로 확인해 볼 수 있다.
- 2022년 현재 우리국민의 50세의 기대수명은 남녀 각각, 37년, 32년; 60세에는 27년, 23년; 70세에는 18년, 15년; 80세에는 10년, 8년이었다.

2. 수명연장은 인생 후반기(50+) 또는 노년기의 연장을 의미한다
- 인생 후반기가 30~40년 이상 연장되고, 건강상태가 증진됨에 따라 인생 후반기는 단순한 은퇴생활의 기간이 아니라 새로운 의미의 기간이 되고 있다.
- 출생시 기대수명은 평균치이기 때문에 개인적으로 노력하면(예: 생애설계와 실천) 인생 후반기가 30~40년 이상으로 연장될 가능성은 크게 높아 질 수 있다.

3. 인생 후반기의 새로운 의미
- 많은 사람들이 인정하고 있는 인생 후반기의 새로운 의미는 다음과 같다:
(1) 개인적 성취(자아성취)의 시기, (2) 제2의 성장 시기, (3) 인생 최고의 행복을 이룰 수 있는 시기, (4) 유효기한 없는 인생의 꿈을 실현하는 시기
- 연장된 인생 후반기의 삶이 새로운 의미를 갖는 시간이 되기 위해서는 인생 후반기에 들어서기 전에 개인적으로 미리 계획하고 준비하여야 가능하다.

2. 생애설계란 무엇인가?

대부분 사람은 인생의 꿈을 가지고 있다

대부분 사람은 인생의 꿈을 가지고 있다. 인생의 꿈이 명확한 사람도 있고, 명확하지 못한 사람도 있다. 인생의 꿈은 무엇을 위해 어떤 사람이 되고, 어떻게 살 것인지 등에 대해 갖고 있는 확실한 생각이나 태도, 아니면 막연하게라도 마음속에 가지고 있는 장래 삶의 모습을 말한다. 인생의 꿈은 다른 말로 미래에 자신이 이루고 싶어 하고, 이루어 내야 한다고 생각하는 어떤 지위나 행동 상태라 할 수 있다. 실제로 평생 자기 인생의 꿈을 이룬 사람들보다 꿈을 이루지 못한 사람들이 더 많다.

인생의 꿈은 유효기한이 없으므로 삶이 끝나는 그 순간까지 이루어 낼 수 있다. 인생의 꿈을 이룬 사람은 또 다른 새로운 꿈을 꾸고 그 새로운 꿈을 이룰 수 있으며, 중년기까지도 꿈을 못 이룬 사람은 계속 노력하여 자신의 꿈을 무덤에 갈 때까지 이루어 갈 수 있다.

사람들은 자기 인생의 꿈이 이루어지기 바라고, 또한 이루어 내고자 한다. 인생의 꿈은 이루어 내고자 하는 것 또는 이루어 내야 한다는 의미에서 생애사명(life mission)이라 할 수 있다. 또한 인생의 꿈은 먼 미래에 바라는 자신의 모습/상태라는 의미에서 삶의 비전(life vision)이라고 할 수 있다. 사명과 비전은 사실상 의미가 좀 다르지만 구분하는 것보다는 같은 의미로 보아도 무방하다. 이런 의미에서 인생의 꿈, 생애사명과 삶의 비전은 같은 의미라고 할 수 있다. 생애사명, 삶의 비전이라고 말하면 그 의미가 너무 심각하고, 부담스러운 느낌을 주지만, '인생의 꿈'이라고 말하면 듣는 사람에게 희망을 주면서 가볍게 느껴지고, 친근감을 주기 때문에 이 책에서는 '인생의 꿈'이라는 말을 사용하기로 한다.

50+에게 "인생의 꿈이 뭐예요?", "꿈이 뭐예요?"라고 묻는다면 "경력을 살려 가정 살림에 도움이 되고 사회에도 도움이 되는 것입니다", "어려운 사람들을 도와주는 사람이 되는 것입니다", "취미로 가요를 연주하는 하모니카 연주자가 되는 것입니다", "건

강을 잘 관리하여 끝까지 혼자 움직이는 것입니다", "인간관계에서 상대방 입장을 잘 배려하는 것입니다." 등로 대답한다. 바로 이렇게 장래 어떤 지위나 활동상태에 도달하는 것으로 말하는 것이 인생의 꿈이라 할 수 있다.

인생의 꿈은 생활영역에 따라 다르다. 인생의 꿈은 직업이나 경력 영역에 관한 것이 가장 많지만 다른 생활영역에서도 꿈이 있을 수 있고, 여러 생활영역의 꿈을 가지는 것이 바람직하다. 일상생활에는 여러 생활영역이 있는데 크게 8대 영역으로 나눌 수 있다(<그림 2-1> 참조). 즉 (1) 직업/경력, (2) 학습/자기개발, (3) 건강, (4) 가족/사회(적)관계, (5) 주거, (6) 사회참여/봉사, (7) 여가/영적활동, (8) 재무(생활자금) 영역이다.

<그림 2-1> 8대 생활영역

생애설계는 인생의 꿈을 이루기 위한 계획이다

생애설계는 "생활영역별 인생의 꿈을 실현하기 위하여 생애주기 단계별로 세우는 장기적이고 체계적인 계획"이며, 그 계획은 3단계의 절차를 거쳐 이루어진다. 생애설계를 그림으로 설명하면 <그림 2-2>와 같으며, 이를 상세히 설명해보겠다.

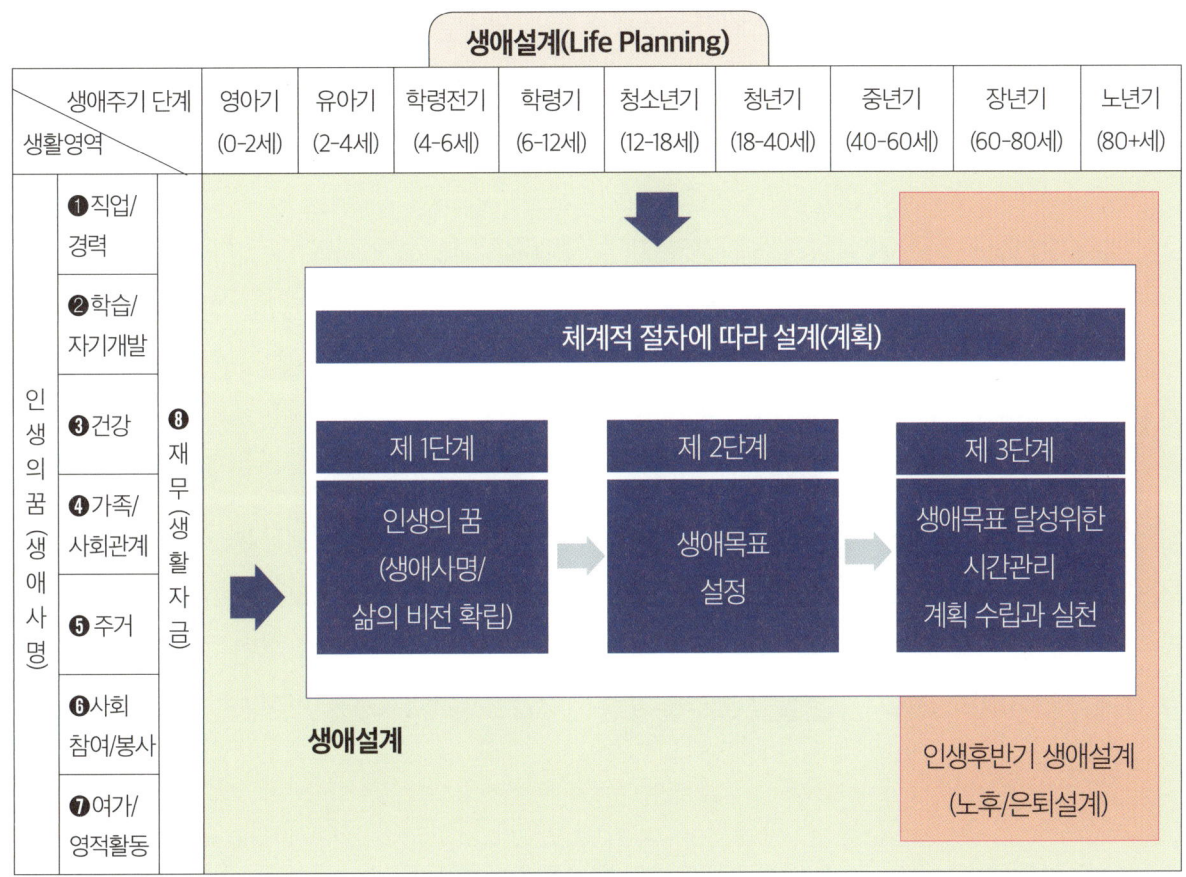

<그림 2-2> 생애설계의 의미

1. 생애설계는 인생의 꿈을 이루기 위한 계획이다

생애설계는 <그림 2-2>의 왼쪽 8대 생활영역별 인생의 꿈을 이루기 위한 계획이다. 8대 생활영역별로 모두 꿈을 가지고 있을 수 있지만 그렇지 못할 수도 있다. 8대 생활영역 모두에 꿈을 가지고 있고 그 모든 영역에 대해 동시에 설계하는 것이 바람직하지만 그렇지 못한 경우가 더 많다. 일단 8대 생활영역 중에 꿈을 가지고 있는 생활영역을 선택하여 그 영역에 관한 것부터 먼저 설계할 수 있다. 즉 생활영역 중 하나에서라도 인생의 꿈이 있으면 그 영역에서의 인생의 꿈을 이루기 위한 설계를 먼저 시작하고, 이후에 다른 생활영역에서도 꿈이 확실해지면 그 꿈을 이루기 위한 계획을 세워도 된다. 즉 각 생활영역별로 꿈이 확립되는 대로 순차적으로 계획을 세워 실천해 나가면 된다.

2. 생애설계는 생애주기 단계를 따라 장기적으로 세운다

<그림 2-2>의 위쪽에 생애주기 9단계가 나열되어 있다. 생애설계는 8대 생활영역별 인생의 꿈을 실현하기 위해 현재부터 자신에게 남아있는 생애주기 단계를 따라 장기적으로 계획을 세우는 것이다. 인생의 꿈은 태어나서부터 시작하여 전체 생애주기 각 단계를 따라 이루어질 수 있다.

요람에서 무덤까지 자신이 살아가는 일생 전체를 생애주기(life cycle)라 한다. 생애주기는 위 그림처럼 여러 단계로 구성된다. '생애주기'와 '생애주기 단계'를 많이 혼동하고 있다. '생애주기'는 생애기간(일생) 전체를 말하고, '생애주기 단계(life stage)'는 생애주기가 아동기, 청소년기, 중년기, 노년기 등으로 나누어진 각각의 단계를 말한다.

일반적으로 생애주기는 8단계(영아기-유아기-학령전기-학령기-청소년기-청년기-중년기-노년기)로 구분해 왔다. 2000년대 들어 고령화사회에서 중년기와 노년기가 크게 연장되고 있음에도 불구하고 아직도 생애주기를 8단계로만 구분하고 있다. 그런데 특히 인생 후반기가 연장되고 있는 점과 우리나라의 고용시장 현실을 고려하여 중년기와 노년기 사이에 새로운 한 단계를 넣는 것이 바람직하다고 본다.

우리나라 경우 현재 법으로 정년이 60세(정확히 60세 이상)인 것과 고령화가 급속하게 진행되고 있는 현실을 고려할 필요가 있다. 따라서 중년기를 40~60세로, 노년기를 80세 이후로 정하여 중년기와 노년기 사이 장년기(長年期: 60~80세, 어른의 시기)라는 새로운 단계 하나를 추가하여 9단계로 보는 것이 더 적합게 생각된다. 이 워크북에서는 생애주기를 8단계 아닌 9단계로 보기로 한다.

생애설계는 영아기에서 노년기까지 생애주기 단계 전체에 대한 장기적인 계획이다. 아동이나 청소년은 스스로 생애설계를 하기 어렵다. 그래서 아동기에는 부모나 보호자가 대신 해 줄 수 있고, 청소년기에는 부모나 보호자의 도움을 받아 스스로 할 수 있다. 청년기부터는 스스로 할 수 있다. 그러므로 생애설계는 아동, 청소년, 청년, 중년, 노년의 모든 연령층이 다 할 수 있으며 필요하다. 현재 자신이 생애주기의 어느 단계에 있든 모든 연령층이 미래 자신의 생애를 설계할 필요가 있고, 그 시기는 빠르면 빠를수록 좋다. 10여년 전부터 우리나라의 초등학교, 중·고등학교에서 생애설계를 가르치고 있는데, 이는 생애설계를 일찍 아동기부터 하는 것이 바람직하기 때문이기도 하다.

<그림 2-2>에서 생애설계는 생활의 8대 영역의 꿈을 생애주기 9단계 전체에 걸쳐서 실현하기 위한 생애설계는 연두색 부분에 해당한다. 생애설계의 시기가 중년기 중후반 이후인 경우는 인생 후반기 생애설계, 노후설계, 은퇴설계라 할 수 있는데 그림에서 분홍색 부분에 해당한다. 노후(은퇴) 설계 서비스는 1950년대 중반부터 미국이나 유럽에서 시작되어 그 개념과 서비스가 점차 확대되어 왔지만 2020년대 현재까지도 일반화되지 못하고 있다. 중년기 이후 세대에게는 생애설계보다 노후설계(은퇴설계)가 훨씬 많이 알려져 있다. 그러나 이제는 노후만을 준비하는 노후설계가 아니라 노후설계를 포함하는 생애전체를 설계를 해야 할 시기에 이르렀다.

3. 생애설계는 3단계 절차에 따라 이루어진다

설계나 계획은 논리적 절차에 따라 이루어진다. 생애설계는 아래 <그림 3-3>과 같이 3단계 절차를 거쳐 이루어지는 것이 바람직하다. 제1단계는 인생의 꿈을 확립(확인)하는 것이고, 제2단계는 인생의 꿈을 실현하기 위해 생애목표를 설정하는 것이며, 제3단계는 생애목표를 달성하기 위한 시간관리 계획을 수립하고 실천하는 것이다. 계획은 기본적으로 실천이 포함되지 않지만, 제3단계인 시간관리 계획수립에는 계획의 실행 여부 확인을 포함하기 때문에 사실상 실천을 포함하고 있다.

생애설계는 왜 논리적 절차로 이루어져야 하는 하는지는 사회단체의 발전계획에 비유해 보면 쉽게 이해할 수 있다. 사회단체(회사, 공공기관 등)는 어떤 목적을 달성하기 위해 설립되고 발전계획을 세운다. 사회단체에서는 일반적으로 그 단체를 소개할 때 <미션-비전-가치-목표> 또는 <비전-

미션-가치-목표>(미션과 비전의 순서가 바뀌는 경우도 있으나 비전-미션이 논리적임) 등의 체계를 그림이나 책자, 또는 홈페이지 등에 제시하고 있다. 이같은 체계는 '단체의 발전계획'이라 할 수 있다. 예를 들면 <그림 2-4>는 공무원연금공단의 발전계획도이다.

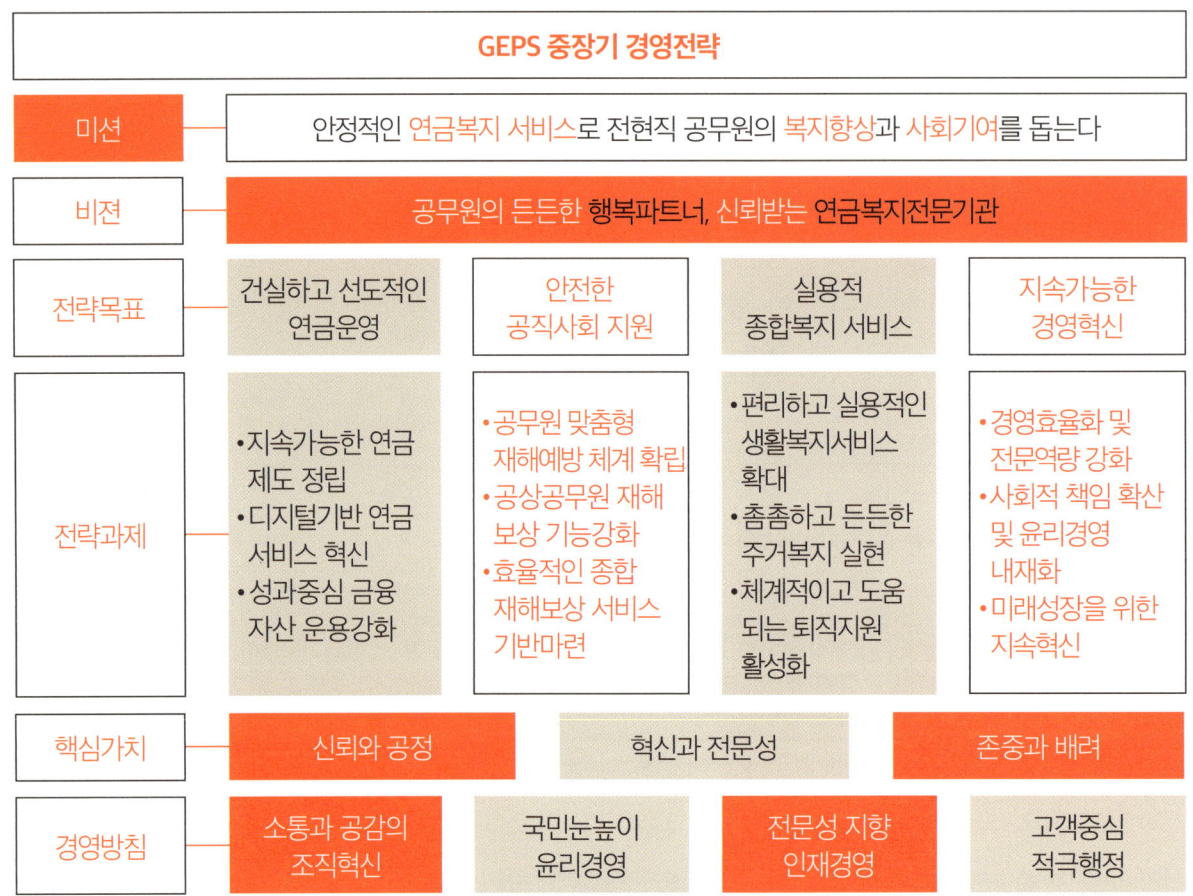

<그림 2-4 공무원연금공단의 발전계획>

이러한 사회단체의 발전계획 체계도는 통일된 명칭이 없이 여러 다른 말로 표현되고 있는데 이 예에서는 '중장기 경영전략'이라 하고 있다. 하여튼 사회단체는 어떤 목적(단체의 꿈, 사명, 비전)을 달성하기 위해 만들어졌고, 그러한 목적 달성을 위해 목표를 설정하고, 그 목표를 달성하기 위한 장기-중기-단기 계획(시간관리 계획)을 세운다. 이 같은 <비전/미션-목표-시간관리 계획>이라는 논리체계는 단체의 발전계획을 세우는 논리적 절차로 잘 알려져 있다. 단체 소개 그림에서는 발전계획을 간략하게 표현하기 위해 시간관리 계획은 일반적으로 생략하고 있다.

사회단체처럼 개인도 어떤 목적(인생의 꿈, 미션, 비전)이 있어 태어난 것으로 생각할 수 있다. 자신이 태어난 것에 대한 목적을 찾기 어렵더라도, 이미 태어났으니 살아가는 것에 대한 목적이라 할 수 있는 인생의 꿈(생애사명)을 확립(확인)하는 것은 바람직하고 필요하다. 사회단체가 생존하고 발전하기 위한 계획을 세우는 것과 같이 개인도 자신이 생존하고 발전하기 위해 계획을 세우는 것은 의미 있고 바람직하며, 어떤 의미에서 당연하다. 생애설계는 개인의 발전계획이므로 사회단체의 발전계획과 같이 <인생의 꿈 확인-생애목표 설정-생애목표 달성의 시간관리 계획수립>이라는 논리적 절차를 따라 수립하는 것이다.

4. 생애설계는 생애주기 단계별 및 생활영역별 설계를 모두 포함하는 포괄적 설계이다

현재까지 '진로설계', '생애경력설계', '전직지원서비스', '노후설계', '은퇴설계', '재무설계' 등의 교육이나 서비스는 사회단체나 교육기관에서 상당히 많이 제공되어 왔지만, '생애설계' 교육과 서비스는 극히 일부에서만 제공되어왔다. 진로설계, 경력설계, 재무설계 등은 생활영역별 설계이고, 노후설계나 은퇴설계는 생애주기 단계별 설계이다. 이 모든 설계들은 생애설계의 일부라 할 수 있다. 그래서 <그림 2-5>에서 보듯이 생애설계(연두색 부분)는 생애주기 단계별 설계와 생활영역별 설계 모두 포함하는 포괄적인 설계라 할 수 있다.

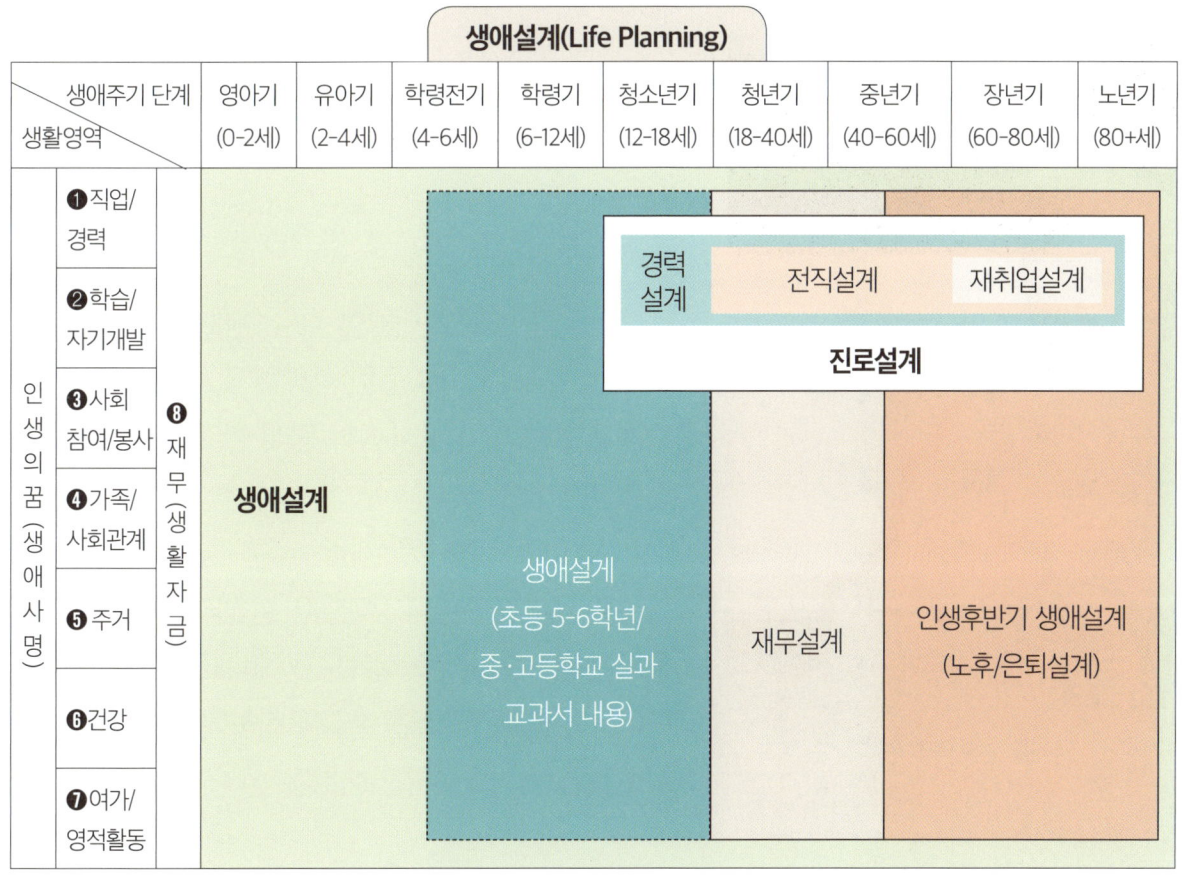

<그림 2-2> 생애설계의 포괄적 의미

생애설계는 인생길 안내 내비게이션이다

생애설계를 좀 더 쉽게 이해하기 위해 생애설계를 자동차에 설치하여 길을 찾고 안내하는 위성항법장치(Global Positioning System[GPS]: 한국에서는 내비게이션 'Navigation'이라 부름)에 비유해 볼 수 있다. 이 워크북에서는 내비게이션을 편의상 '내비'라 부르기로 한다.

내비는 최종 목적지(목표)만 입력하면 되고, 그 목적지로 가는 목적(이유)은 묻지 않는다. 하지만 생애설계는 목적지를 정하기 전에 삶의 가치나 방향이라 할 수 있는 목적을 묻는다. 이 점을 제외하면 생애설계와 내비의 기능은 아주 비슷하며, 생애설계에서 목적지를 정한 이유(목적)가 인생의 꿈을 확립(확인)하는 것에 해당한다. 그러면 생애설계와 내비를 비교하며 설명해 보겠다.

첫째, 내비에서 목적지를 입력해야 작동하듯이 생애설계에는 인생의 꿈을 확립한 후 그 꿈을 실현하기 위해 생애목표를 설정함으로써 본격적으로 시작된다.

둘째, 내비가 빠르게 목적지로 안내하듯이 생애설계는 생애목표에 빠르게 도달하게 해준다.

<그림 2-6 내비 화면>

셋째, 내비가 진로에 대한 주요한 정보를 제시해 주듯이, 생애설계는 생애목표 달성과정에 대한 주요 정보를 제공해준다.

넷째, 내비가 진로를 이탈할 경우 원래 예정 진로로 빨리 돌아오도록 안내하듯이, 생애설계도 생애목표 달성 도중 진로를 이탈하면 속히 원래 진로로 돌아오도록 안내한다.

다섯째, 내비가 진로에 장애물이 발견되면 우회하여 가도록 안내하듯이, 생애설계도 생애목표를 향한 진로에 장애물이 생기면 진로를 수정/우회하여 원래 계획된 진로로 빨리 돌아오도록 안내한다.

여섯째, 내비는 실제 지리적 조건과의 차이로 인해 부정확 가능성이 있듯이, 생애설계에도 부정확성이 생길 수 있지만 큰 문제 없이 수정하여 해결할 수 있다.

일곱째, 성능 좋은 내비를 구입하려면 비싼 비용을 지불해야 하듯이, 체계적이고 장기적인 생애설계를 하려면 시간(돈)을 상당히 투자해야 한다. 시간은 돈이라 의미에서 생애설계에 시간을 투입하는 것은 비용을 지불하는 것과 같다고 할 수 있다.

요약

1. 대부분 사람들은 인생의 꿈을 가지고 있다.
- 인생의 꿈은 분명할 수도 있고, 그렇지 못할 수도 있다. 인생의 꿈은 생활의 영역별(8대 영역: 직업·경력, 학습·자기개발, 건강, 가족·사회관계, 주거, 사회참여·봉사, 여가·영적활동, 재무)별로 다르다.

2. 생애설계의 정의
- 생애설계는 '생활영역별 인생의 꿈을 실현하기 위해 생애주기 단계별로 만드는 체계적이고 장기적 계획'이며, 그 계획은 3단계의 절차를 거쳐 체계적으로 세우는 것이다.
- 생애설계의 특성을 중심으로 좀 더 상세히 설명하면 다음과 같다.
  1) 생애설계는 인생의 꿈(다른 말로는 생애사명 또는 삶의 비전이라 함)을 이루기 위한 계획이다.
  2) 생애설계는 생애주기(일생기간 전체)의 각 단계별로 세운다.
  3) 생애설계는 (1) 인생의 꿈 확인→(2) 생애목표 설정→(3) 생애목표 달성을 위한 시간관리 계획 수립과 실천이라는 3단계로 이루어진 체계적이고 논리적인 절차에 따라 이루어진다.
  4) 생애설계는 생애주기 단계에 치중한 생애주기 단계별 설계(노후/은퇴설계 등) 및 생활영역별 설계(경력설계, 재무설계 등) 모두를 포함하는 포괄적 설계이다.

3. 생애설계는 인생길 안내 내비게이션이다
- 생애설계는 자동차에 설치하여 목적지까지 길을 안내하는 길 안내 장비, 즉 위성항법장치(GPS: 한국에서는 "내비게이션"으로 부르고 있음)에 비유할 수 있다. 생애설계는 자신의 인생길을 안내하는 지침이라 생각할 수 있기에 자동차 내비게이션과 거의 비슷한 기능을 한다.

3. 생애설계는 왜 필요한가?

생애설계는 왜 필요한가? 생애설계가 필요한 이유를 크게 두 가지 측면으로 나누어 볼 수 있는데, 개인에게 필요한 이유를 8가지로, 가족과 사회에 필요한 이유를 2가지로 말할 수 있다.

인생의 꿈은 유효기한이 없으므로 삶이 끝나는 그 순간까지 이루어 낼 수 있다. 인생의 꿈을 이룬 사람은 또 다른 새로운 꿈을 꾸고 이룰 수 있고, 중년기까지도 꿈을 못 이룬 사람은 계속 노력하여 자신의 꿈을 무덤에 갈 때까지 이루어 갈 수 있다.

생애설계가 개인에게 필요한 이유

1. 자기 인생의 꿈을 잘 실현하기 위함

자기 인생의 꿈(생애사명, 미션, 비전)을 잘 실현하기 위해 생애설계가 필요하다.

2. 자기 인생 드라마의 각본을 스스로 작성하기 위함

인생을 한 편의 드라마로 비유하는 경우가 많다. 세계적 문호 셰익스피어는 그의 희곡 "당신이 좋아하는 대로(As You Like it)"에서 "모든 세상은 무대이고, 모든 남자와 여자는 배우로 등장하고 퇴장한다. 무대 위에 있는 동안 7단계를 거치면서 여러 역할을 수행한다"고 했다. 각자의 인생은 자기 인생 드라마 각본에 따라 본인의 인생 무대에서 배우로 등장하여 생애주기 7단계(셰익스피어 생존 당시 7단계로 생각했음)를 거치면서 주어진 역할을 수행하는 것이라 할 수 있다.

하지만 우리의 인생 드라마 각본은 다른 사람이 대신 작성해 주거나 다른 사람의 각본을 모방하여 작성하고, 그렇게 만들어진 각본에 따라 살아가는 경우가 많다. 자신의 인생 드라마 각본은 본인 스스로 쓰는 것이 가장 바람직하다. 각자의 인생 드라마에서 본인이 꼭 하고 싶고 본인의 적성과 성격에 맞는 역할을 하는 주인공이 되는 것이 가장 바람직하다. 본인이 원하는 주인공이 되는 인생 드라마 각본을 스스로 쓰는 것이 바로 생애설계이다.

3. '노후만'의 건강과 행복이 아니라 '노후까지' 생애주기 전체의 각 단계마다 건강과 행복을 누리기 위함

우리는 노후를 위해 그 이전의 삶을 희생할 수 없고, 노후를 위해서만 사는 것이 아니다. 어린 시절부터, 아니면 젊은 시절부터 노후까지 생애주기 단계마다의 건강과 행복이 노후까지 이어지기 때문에 생애주기 각 단계마다의 계획과 실천을 포함하고 있는 생애설계가 필요하다.

4. 생애주기 각 단계의 선택과 행동이 계속해서 노후까지 좋은 영향을 미치게 하기 위함

어린 시절부터 생애주기 각 단계에서 어떤 선택을 하고 어떻게 행동했느냐가 이후 이어지는 생애주기 단계마다 계속해서 긍정적 영향을 미칠 수도 있고, 부정적 영향을 미칠 수도 있다. 즉 노후 인생의 대부분은 지금까지 살아온 삶의 결과라 할 수 있다. 따라서 모든 연령층이 생애주기 각 단계에서의 선택과 행동을 잘함으로써 그 이후 생애주기 단계에서도 계속해서 긍정적인 영향을 미칠 수 있도록 가능하면 어린 시절 아니면 젊은 시절부터 본인의 생애를 설계하여 실천할 필요가 있다.

5. 요람에서 무덤까지 평생 발달(발전)하기 위함

발달(발전)이라는 말은 성장하고, 성숙하고, 유지하고, 적응하는 것 모두를 의미한다. 사람은 태어나서 죽은 순간까지 노력하면 계속 발달할 수 있다. 죽는 순간까지 계속 발달하기 위해서는 생애주기 단계마다 계획을 잘 세우고 그 계획을 실천할 필요가 있다. 특히 노년기에도 계속 발달할 수 있다는 것은 중요한 사실이다.

6. 100세까지 건강하고 행복하게 장수하기 위함

100세까지 생존할 가능성이 높아졌지만 그 누구에게나 100세까지 건강하고 행복하게 장수할 수 있는 축복이 오는 것은 아니다. 100세까지의 건강하고 행복한 장수는 건강을 포함한 생활의 다양한 영역에 대한 계획을 가능하면 빨리 생애주기 단계별로 잘 세우고 실천할 수 있어야 가능하다.

7. 생애에 주어진 시간을 잘 관리하기 위함

생애에 주어진 시간의 관리는 좁은 의미의 생애설계라 할 수 있다. 수명이 100세까지 연장된다 해도 그 100세 인생도 무한한 시간에 비하면 짧기만 하다. 짧은 생애의 시간을 효과적이고 효율적으로 사용하기 위해서 생활영역별 인생의 꿈을 생애주기 단계별로 실현할 수 그 계획을 세우고 실천하는 생애설계가 필요하다.

8. 생애주기 단계마다 해결해야 하는 과업을 잘 수행하기 위함

생애주기 단계마다 해결하는 것이 바람직한 생애주기 단계 과업이 있다. 예를 들면, 학습(자기개발), 취업, 결혼, 출산, 자녀양육, 건강관리 등이 있다. 이 생애주기 단계 과업을 생애목표로 정하면 그 과업을 잘 수행할 수 있다. 따라서 생애주기 단계 과업을 잘 수행하기 위해서 모든 연령층에게 생애설계가 필요하다. 실제로 이 생애주기 단계 과업의 대부분은 생애설계 제2단계인 생애목표 설정에서 생애목표가 된다.

생애설계가 가족과 사회에 필요한 이유

1. 고령화사회에서 가족과 사회에 부담을 주지 않기 위함

준비되지 않은 노후생활은 가족과 사회에 경제적 부담은 물론 돌봄과 여러 가지 심리적 문제까지 일으켜 가족과 사회에 부담을 초래할 수 있다. 가능하면 젊은 시절부터 노후까지 생애주기 단계마다 계획을 잘 세워 준비하고 실천하는 것이 가족과 사회에 부담을 주지 않는 가장 효과적 방법이 된다.

2. 빠르게 다가오는 고령화사회에 대한 부정적 인식을 개선하기 위함

자신의 꿈을 실현하기 위한 계획을 생애주기 전체 단계별로 잘 세워 준비하고 실천하여 노후까지 건강하고 활기차게 생활해 나간다면, 앞으로 언젠가는 노인이 될 후배들과 후세들이 고령자가 많아지는 고령화사회를 긍정적으로 바라보고 기대할 수 있게 될 것이다. 고령화사회는 이미 우리 사회의 현실이 되고 있으며, 앞으로는 더욱 심화된 모습으로 다가올 것이다. 노인이 계속 건강하고 활발하고 행복하게 살아가는 모습을 보여주지 못한다면 후손들은 고령화사회를 부정적으로 생각하고 두려워하게 될 것이다. 앞으로 피할 수 없이 빠르게 다가오는 고령화사회가 부정적으로 인식되지 않기 위해, 그리고 고령화사회를 더욱 바람직한 모습으로 만들기 위해서 사회공동체의 일원으로 책임을 다하는 의미에서 모든 연령층의 각자는 일찍부터 자신의 생애를 설계하여 실천해 나갈 수 있어야 할 것이다.

요약

1. 생애설계가 개인에게 필요한 이유와 필요성
 1) 자기 인생의 꿈을 잘 실현하기 위함
 2) 자기 인생 드라마 각본을 스스로 작성하기 위함
 3) '노후만'의 건강과 행복이 아니라 '노후까지' 생애주기 전체 각 단계마다 건강과 행복을 누리기 위함
 4) 생애주기 각 단계의 선택과 행동이 계속 노후까지 좋은 영향을 미치게 하기 위함
 5) 요람에서 무덤까지 평생 계속 발달(발전)할 수 있기 위함
 6) 100세까지 건강하고 행복하게 장수하기 위함
 7) 생애에 주어진 시간을 잘 관리하기 위함
 8) 생애주기 단계마다 주어진 과업을 잘 수행하기 위함

2. 생애설계가 가족과 사회에 필요한 이유와 필요성
 1) 고령화사회에서 가족과 사회에 부담을 주지 않기 위함
 2) 빠르게 다가오는 고령화사회에 대한 부정적 인식을 개선하기 위함

- 이후부터(3, 4, 6장)는 생애설계 3단계에 대한 설명과 함께 실제로 각 단계의 해당 설계를 연습해 보도록 할 것이다.

- 생애설계 3단계의 연습이 다 끝난 후에는 먼저 생애설계에 대한 자신의 상태(부록 1)를 점검해 보고, 실제로 자신의 생애설계서(부록 2)를 만들어 보기 바란다.

4. 생애설계 1단계: 인생의 꿈 확립(확인)

인생의 꿈은 무엇을 말하는가?

1. 인생의 꿈은 삶의 가치와 활동방향으로 구성된다

생애설계는 생활영역별로 자신이 가지고 있는 인생의 꿈(미션 또는 비전)을 실현하기 위해 생애주기 단계별로 체계적이고 장기적인 계획을 세우는 것이다. 앞에서 말했듯이 생애설계를 사회단체의 발전계획에 비유할 수 있다. 사회단체의 미션이나 비전을 살펴보면 일반적으로 단체가 존재하는 가치를 나타내는 말과 단체의 장래 활동방향(모습)을 나타내는 말로 구성되어 있다. 개인의 경우에도 "당신의 꿈이 뭐예요?"라고 물어본다면 대체로 삶의 가치 부분과 그 가치를 실현하기 위한 활동방향 부분을 결합하여 대답한다.

삶의 가치는 자신에게 가장 귀중하게 생각하는 것, 생활의 신조나 원칙, 또는 성공의 기준 등을 말한다. 삶의 가치는 개인마다 다르므로 그 수를 헤아리기 어려울 정도로 많고 다양하다. 삶의 가치는 어떻게 만들어질까? 주로 가족생활(부모님의 말씀, 가훈, 가족이 중요하게 생각하는 생활원칙 등), 개인적으로 믿는 종교의 교리, 자신이 속한 지역이나 사회의 전통이나 문화에서 사람들이 중요하게 생각하는 원칙, 학교 학습과정, 감명 깊게 읽은 책, 친구들의 행동과 생각, 대중매체(신문, 라디오, TV 등)를 보고 듣는 가운데서 만들어진다.

활동방향은 삶의 가치를 실현하기 위한 넓은 의미의 활동(행동)방향이나 상태(모습)을 말한다. 활동방향은 아주 구체적인 활동(예: 중소기업 경영 컨설턴트, 하모니카 연주자, 건강상태 유지 등) 보다는 넓은 범위의 직업 분야, 직업 외 활동분야, 또는 상태(모습)을 말한다. 활동방향은 구체적일 수도 있지만 범위를 넓게 보는 것은 삶의 가치 자체가 넓은 범위라서 그 가치를 현실적으로 이루려는 활동을 넓은 범위 내에서 선택을 다양하게 할 수 있게 하는 것이 바람직하기 때문이다.

우리가 어떤 일을 하는 경우 그 목적, 취지나 이유가 분명하면 그 일이나 활동에 대해 가치와 의미를 느끼게 되고, 그 일을 하고자 하거나 목표를 이루어 내고자 하는 동기, 의지와 열정이 생기게 된다. 목적은 목표와 다른 말이다. 목적(purpose)은 어떤 활동이나 행동을 하려는 취지(intention)나 이유(reason)을 의미하고, 목표(goal)는 달성하려고(이루어 내려) 하는 구체적인 지위, 활동, 상태를 의미한다. 인생의 꿈은 어떤 의미에서 인생의 목적이라 할 수 있다. 논리적으로도 목적이 분명해야 목표를 분명히 설정할 수 있다. 목적이 없거나 불분명하면 목표를 명확하게 설정하기도 어렵고, 목표를 자주 바꾸게 되고, 자기 삶이 어디로 가는지 방향을 잡지 못하는 경우도 많아진다. 그리고 자신이 왜 어디로 가는지도 모르기 때문에 근시안적으로 단기목표에 매달리기 쉽다.

자기 인생의 꿈(생애사명, 삶의 비전)을 명확하게 확립하는 것은 바로 내가 무엇을 위해서 살아갈 것인지, 왜 사는지, 왜 그 일이나 활동을 하는 지에 대한 근본적인 해답이라 할 수 있다. 따라서 자기 삶에 대한 장기적인 계획을 세우는데 인생의 꿈을 확립(확인)하는 것이 무엇보다 중요한 첫 번째 과제가 된다. 인생의 꿈을 확립하는 데는 많은 시간이 걸릴 수 있다. 쉽게 한두 시간 내, 하루 이틀 사이에 할 수 있는 것은 아니다. '성공하는 사람들의 7가지 습관(The 7 Habits of Highly Effective People)'의 저자 스티븐 코비(Stephen Covey)는 인생의 꿈을 확립하는 데는 몇 주일, 몇 달이 걸릴 수도 있고, 그 이후에도 그 꿈을 계속 다듬고 수정할 필요가 있다고 했다. 즉 오래 숙고한 후 인생의 꿈을 확립하고 그 후에도 조금씩 수정하거나 더 확실하게 다질 필요가 있다고 했다. 인생의 꿈은 시간이 걸리더라도 신중하게 생각하고 깊은 고민을 거쳐 확립해야 한다. 시작이 반이라는 말은 생애설계 제1단계인 인생의 꿈(생애사명)을 확립하는 것에 어울리는 말이다. 인생의 꿈이 확실해지면 생애설계 제2단계인 생애목표 설정이 훨씬 쉬워진다.

2. 인생의 꿈은 가치 또는 활동이나 행동방향 하나만으로 구성될 수 있다

인생의 꿈은 삶의 가치와 활동방향 두 가지 부분으로 구성하는 것이 바람직하지만, 가치 또는 활동방향 어느 하나만으로 구성하여도 별 문제는 없다. 가치만으로 나타내는 인생의 꿈의 예는 '내가 하는 일(직업)에서 최고수준이 되는 것', '자녀들에게 존경받는 것', '다른 사람을 배려하는 태도를 갖는 것', '외롭고, 어렵게 사는 사람들을 보살펴 주고 그들의 삶을 평안하게 해 주는 것'이다. 활동방향만으로 나타내는 인생의 꿈의 예는 '생애설계 전문 강사가 되는 것', '생활 발명가가 되는 것', '시니어 모델', '노년까지 건강상태 유지' 등이다. 본인 인생의 꿈을 가치나 활동방향 중 하나만으로 정하고자 한다면 가능하면 가치 부분으로 구성하는 것이 더 바람직하다. 가치 부분은 삶의 목적이나 이유 등을 의미하므로 활동방향으로 구성하는 것보다 더 의미가 크다고 할 수 있다.

3. 인생의 꿈은 생활영역별로 다르게 설정한다

제3장에서 생활영역은 8가지로 나눌 수 있다고 했다. 인생의 꿈은 <그림 4-1>에서처럼 (1) 직업/경력, (2) 학습/자기개발, (3) 건강, (4) 가족/사회(적)관계, (5) 주거, (6) 사회참여/봉사, (7) 여가/영적활동, (8) 재무 영역에 따라 다른 것이 일반적이다.

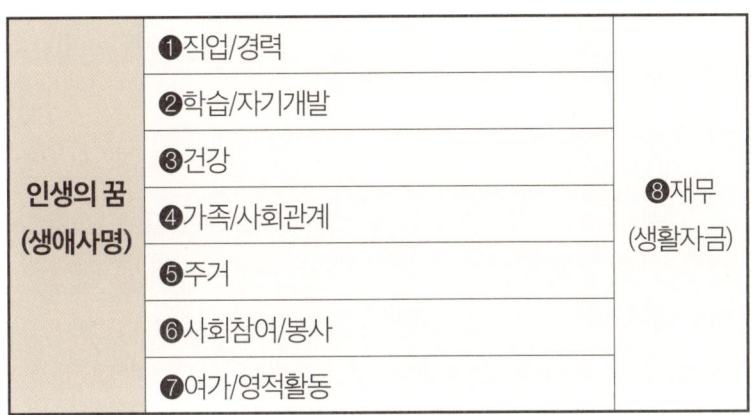

<그림 4-1> 8대 생활영역별 인생의 꿈

그림에서 재무 영역은 다른 7가지 생활영역과 연결되어 있다. 즉 재무영역은 일상생활에 필요한 비용을 마련하는 기본적 생활자금과 다른 7가지 생활영역의 꿈을 실현하고 비용을 마련하고 관리하는 활동이라 할 수 있다. 따라서 생애설계의 재무영역 설계는 다른 7가지 생활영역이나 선택한 일부 생활영역 설계를 뒷받침하도록 마지막으로 하는 것이 바람직하다.

인생의 꿈은 직업·경력 영역에 관한 것이 많지만 다른 생활영역에 관한 자신만의 꿈이 있을 수 있고, 생활영역별로 꿈을 갖는 것은 매우 바람직하다. 인생의 꿈은 8대 생활영역 전체 또는 일부 영역만 선택하여 설정할 수 있다. 인생의 꿈을 확립하는 데는 많은 시간이 필요하고, 8개 영역에서 인생의 꿈을 동시에 설정하지 못한다 해도 전혀 문제가 없다. 생활영역별로 우선순위를 정해서 차례로 확립해도 되며, 순서 없이 가능한 대로 하나씩 확립해 나가도 된다.

생활영역별로 인생의 꿈을 확립한 예를 들어보면 <표 4-1>과 같다. 여기서 예로 든 인생의 꿈은 가치 부분과 활동방향 부분이 모두 포함된 것이지만 가치 부분 또는 활동(행동) 방향 하나만으로 구성해도 문제는 없다.

<표 4-1> 생활영역별 인생의 꿈에 대한 예시

생활영역	인생의 꿈
직업/경력	나의 경력을 활용하여 지역 소상공인 경영업무 개선에 공헌 한다.
학습/자기개발	능력 있고 사회에 필요한 존재가 되기 위해 새롭게 배우려고 노력한다.
건강	타인의 도움 없는 건강상태 유지를 위해 건강관리에 충실한 사람이 된다.
가족/사회관계	가족과 지인들을 배려하고, 존경받는 인간관계를 유지한다.
주거	나의 노후생활 안전과 가족의 생활편의를 위해 쾌적하고 안락한 주거 환경을 만들고 유지한다.
사회참여/봉사	가진 것을 이웃과 나누기 위해 지역사회 봉사활동에 참여하는 사람이 된다.
여가/영역활동	노년의 휴식과 즐거움을 위해 여가활동을 개발하고, 삶의 의미와 즐거움을 찾기 위해 종교생활을 꾸준히 한다.
재무	노후까지 안정적이고 여유로운 생활유지를 위한 충분한 노후자금을 확보한다.

4. 인생의 꿈 예시

인생의 꿈은 명확한 말로 표현하는 것이 바람직한데 예시를 보면 좀 더 쉽게 인생의 꿈을 이해하고 표현할 수 있을 것이라 생각한다. 그래서 50+에게 인생의 꿈(생애사명)이 될 수 있는 예를 먼저 5개 정도 제시하고, 꿈의 내용으로 '가치'에 해당하는 부분과 '활동방향'에 해당하는 부문을 설명하기로 하겠다.

- 경력을 활용하여 소상공인들의 구매업무 개선에 공헌하는 것
- 사회에 필요한 존재가 되기 위해 새롭게 배우는 것
- 남에게 부담을 주지 않는 건강상태를 유지하는 것
- 다른 사람을 배려하고 존경받는 인간관계를 유지하는 것
- 어려운 이웃과 가진 것을 나누기 위해 봉사활동에 참여하는 것

첫 번째 예시인 '나의 경력을 활용하여 소상공인들의 구매업무 개선에 공헌하는 것'에서 <소상공인들의 구매업무 개선>은 삶의 가치를 나타내는 것이다. 그리고 <공헌하는 것>은 지역 소상공인 구매업무 개선의 가치관을 실현하기 위해 노력하겠다는 활동 방향의 나타내는 것이다.

두 번째 예시인 '사회에 필요한 존재가 되기 위해 새롭게 배우는 것'에서 <사회에 필요한 존재>라

는 말은 사회로부터 필요한 존재가 되는 것이라는 삶의 가치를 나타내는 것이다. <새롭게 배우는 것>은 활동 즉 넓은 의미에서의 학습이나 자기개발이다. 새롭게 배우는 사람에서 대학교, 대학원, 상담사 자격증, 공인중계사 자격증, 생애설계사, 컴퓨터 관련 자격증 등 더 구체적으로 말할 수도 있지만 폭넓게(포괄적으로) '새롭게 배우는 것'으로 표현하는 것이 더 적합하다.

세 번째 예시인 '남에게 부담을 주지 않는 건강상태를 유지하는 것'에서 <남에게 부담을 주지 않는 것>은 건강이라는 생활영역에서의 원칙이나 생활신조라고 할 수 있다. 건강이 좋지 않으면 가족뿐만 아니라 사회에도 경제적 부담을 주고, 여러 가지 돌봄 서비스도 받아야 하므로 다른 사람들을 불편하게 하고, 부담을 줄 수 있다. 그래서 남에게 부담을 주지 않는 것을 건강영역의 가치로 선택한 것이다. 그리고 <건강상태를 유지하는 것>은 남에게 부담을 주지 않기 위해 열심히 운동하고, 건강검진도 받고, 영양상태를 생각하여 음식도 고르게 잘 섭취하고, 질병도 잘 치료하는 등의 건강을 유지하고 증진하는 상태를 말한다.

네 번째 예시인 '다른 사람을 배려하고 존경받는 인간관계를 유지하는 것'에서 <다른 사람을 배려하고 존경받는 것>은 자신의 가치이고, 인간관계 신조라 할 수 있고, <인간관계를 유지하는 것>은 가족과 가족 외 사람들과의 관계(가족/사회관계) 영역의 활동이다.

다섯 번째 예시인 '어려운 이웃과 가진 것을 나누기 위해 봉사활동에 참여하는 것'에서 <어려운 이웃과 가진 것을 나누는 것>은 자신의 생활권 주위에서 어려운 사람들과 작은 것을 나누겠다는 가치를 말하는 것이다. 그리고 <봉사활동에 참여하는 것>은 활동방향이라 할 수 있다.

인생의 꿈은 성격과 적성에 맞아야 바람직하다

인생의 꿈은 실현 가능성이 없으면 상상, 환상, 공상에 불과할 뿐이다. 꿈이 실현 가능하기 위해서는 우선 자신의 성격과 적성에 맞는 것이 바람직하다. 특히 50+세대들이 새롭게 직업/경력 생활영역에서 인생의 꿈을 찾을 때는 더욱 그렇다. 성격과 적성에 맞지 않는 직업영역에서의 활동은 대부분 힘들고 보람을 찾기도 어렵고, 성과를 내기도 어렵다. 그래서 자신의 꿈을 확정하기 전에 자신의 성격과 적성을 객관적으로 잘 이해할 필요가 있다. 자신의 성격과 적성에 대한 객관적 이해 방법은 전문가로부터 성격검사와 적성검사를 받는 것이다. 많이 알려진 성격검사 도구로 MBTI 성격유형 검사가 있고, 적성검사 도구로는 하워드 가드너의 다중지능검사 등이 있다. 간이검사(자가진단)만으로는 자기 성격과 적성을 정확히 알기 어렵기 때문에 전문가의 검사를 받아보는 것이 바람직하다.

성격검사나 적성검사는 청소년이나 청년층들이 상급학교 진학이나 취업을 위해 필요한 것이라 생각할지 몰라도, 중년층이나 노년층에게도 필요하다. 현재의 중년, 장년, 노년층은 청소년이나 청년 시절에 성격검사나 적성검사를 받은 경험이 없을 수 있다. 또한 나이 들면서 성격이나 적성이 약간씩 변할 수도 있기 때문에 자신을 객관적으로 잘 이해하기 위해서, 새로운 직업활동, 사회활동, 취미활동 더 잘하기 위해서, 또는 단순히 호기심에서라도 자기 성격과 적성을 객관적으로 정확하게 알아보는 것이 바람직하다. 50+세대들은 자신의 성격이나 적성과 함께 자신이 지금까지 살아온 경력이나 경험, 그리고 생활문화를 함께 검토하고, 인생의 꿈을 설정하는 것이 바람직하다.

인생의 꿈이 불명확하면 단기목표에 매달리기 쉽다

자기 인생의 꿈을 스스로 확립하지 못하면 단기목표에 매달리기 쉽다. 퇴직하여 재취업 또는 창업하려는 중년층이나 노년층도 자기 인생의 꿈이 명확하지 못하면 단기적이거나 임시적인 목표에 매달리기 쉽다. 그렇지 않으면 다른 사람들이 하는 대로 따라가기 쉽다. 생애주기의 어느 단계에 있든 현재 이후의 삶에서 인생의 꿈이 확립되지 못하면 최종-장기-중기-단기적 목표를 설정하지 못할 가능성이 높다.

인생의 꿈이 확립되지 않아도 생애설계를 시작할 수 있다

생애설계 제1단계인 인생의 꿈을 확립한 후에 생애설계 제2단계를 진행하는 것이 바람직하지만 인생의 꿈을 명확하게 확립하는 데 시간이 오래 걸리고, 인생의 꿈을 확립하기 어려운 경우도 있을 수 있다. 그렇다면 제1단계를 완료하지 못했기 때문에 생애설계를 시작할 수 없을까? 그렇지는 않다. 1단계에 얽매여 너무 많이 고민하거나 시간을 많이 보내는 것도 바람직하지 못하므로 생애설계 제2단계인 생애목표 설정을 먼저 한 후에 다시 제1단계로 돌아올 수도 있다.

인생의 꿈을 확립하지 못했을지라도 최종목표나 장기목표는 명확하게 설정할 수 있는 경우도 있다. 이런 경우는 왜?, 무엇 때문에?, 어떤 목적으로?, 어떤 이유로? 그 최종목표나 장기목표를 설정했는지 곰곰이 생각해 보면 그 목적이나 이유를 스스로 깨닫게 되기도 한다. 앞에서도 말했듯이 그 목표를 정한 목적이나 이유는 인생의 꿈이라 할 수 있고, 특히 인생의 꿈에서 가치 부분에 해당된다. 이같이 하여 생애설계 제2단계부터 시작하여 제1단계로 돌아올 수도 있다.

그리고 제1단계의 인생의 꿈을 명확하게 확립하지 못했다고 해도 생애목표 자체가 명확하고, 만족스럽다면 제1단계로 굳이 돌아오지 않아도 생애설계를 <생애목표 설정>과 <목표달성을 위한 시간관리계획/실천>의 2개 단계만으로 진행할 수도 있다. 그리고 일정 시간이 지난 후에 1단계로 돌아올 수도 있고, 1단계로 돌아오지 않아도 문제가 되지 않는다.

요약

1. 인생의 꿈(생애사명, 삶의 비전)은 무엇을 말하는가?
　1) 인생의 꿈, 생애사명은 삶의 가치와 활동방향에 관한 것이다
　　(1) 인생의 꿈은 '삶의 가치' + '활동·행동방향'의 2가지 요소로 구성되는 것이 바람직하다.
　　　① 삶의 가치: 자신에게 가장 귀중하게 생각하는 것, 생활의 신조나 원칙, 또는 성공의 기준, 삶의 목적이나 이유 등
　　　② 활동·행동방향: 삶의 가치를 실현하기 위한 넓은 의미의 활동·행동 방향 또는 상태
　　(2) 그러나 인생의 꿈은 '삶의 가치'나 '활동방향" 한 가지 요소만으로 구성되어도 문제가 되지 않는다.
　　(3) 인생의 꿈을 명확하게 확립하면 생애목표를 명확히 설정할 수 있고, 목표를 이루고자 하는 동기와 추진력도 강해진다.
　　(4) 인생의 꿈을 명확하게 확립(확인)하는 데는 시간이 오래 걸릴 수 있다.
　2) 인생의 꿈의 예시:
　　　① 경력을 활용하여 관련 지역 소상공인들의 업무 개선에 공헌하는 사람
　　　② 사회에 필요한 존재가 되기 위해 새롭게 배우는 사람
　　　③ 남에게 부담을 주지 않는 건강상태를 유지하는 것
　　　④ 다른 사람을 배려하고 존경받는 인간관계를 유지하는 것
　　　⑤ 어려운 이웃과 가진 것을 나누기 위해 봉사활동에 참여하는 것

2. 인생의 꿈은 자기 성격과 적성에 맞는 것이 바람직하다.

3. 인생의 꿈이 확립되지 못하면(불명확하면) 단기목표에 매달리기 쉽다.

4. 인생의 꿈이 확립되지 않아도 생애설계를 시작할 수 있다.

- 생애설계 1단계인 인생의 꿈이 확립(확인)되지 못한 경우에도, 제2단계인 생애 목표설정부터 시작할 수 있다. 최종목표나 장기목표를 분명하게 설정할 수 있다면, 어떤 목적이나 이유로 그 목표를 설정했는지를 생각해 볼 수 있다.
- 최종목표나 장기목표로 설정한 목적이나 이유는 인생의 꿈이 될 수 있다. 이와 같이 2단계부터 시작해서 1단계로 돌아올 수도 있다.
- 도저히 그 이유나 목적을 알 수 없다면 1단계로 돌아오지 않고 목표설정과 시간관리계획 수립의 2단계로만으로 생애설계를 해도 무방하다.

<인생의 꿈 확립 연습>

1. (계속) 일하기 원한다면 그 일이 자기 성격에 맞는 것이 바람직하다. 자기 성격을 잘 모른다면, 인터넷의 '한국MBTI심리연구소(https://kmbti.co.kr)'에 들어가 성격검사를 받아보라. 'MBTI 검사 →MBTI 적성검사 무료'로 클릭하여 81개 항목의 성격검사를 진행한 후 자기 성격유형과 성격에 적합한 추천 직업을 적어보라.

> 1. 나의 성격유형은 무엇인가? (예): 친교형(ENFP), 표현형(ISFP) 등
>
> 2. 나의 성격유형 특성(검사 결과에 나온 것을 요약해서 적어볼 것)
>
> 3. 나의 성격에 적합한 직업군/직업은 어떤 것이 있을까?(앞으로 계속 일하기 원하거나, 아니면 사회활동을 하기 원한다면 검사결과에서 추천하는 직업 중 내가 선택하고 싶은 직업군/직업 3가지 정도 순서대로 적어보세요).
>
> 1순위 직업군/직업:
>
> 2순위 직업군/직업:
>
> 3순위 직업군/직업:

2. (계속) 일하기 원한다면 그 일이 자기 적성에도 맞는 것이 바람직하다. 자기 적성을 잘 모른다면 인터넷의 '워크넷(https://www.work.go.kr)'에서 회원가입(ID와 비밀번호 입력) 후 적성검사를 해보라. '직업·진로->성인용 심리검사 실시->성인용 적성검사' 순으로 클릭하여 11가지 적성영역 전체 170개 항목의 검사를 진행하고 적성 영역(분야)과 적성에 적합한 추천 직업을 적어보라.

> **1. 11가지의 적성영역 중 가장 점수가 높은 3가지 영역과 그 영역의 점수를 적어보라(영역별 점수가 높은 순서가 적성영역의 순서임).**
>
> 1순위 적성영역과 점수:
>
> 2순위 적성영역과 점수:
>
> 3순위 적성영역과 점수:
>
> **2. 3가지(3순위까지 영역) 각각에 해당하는 추천직업을 보고, 자기가 선택하고 싶은 직업군/직업은 무엇인지 적어보라(47-48쪽 직업 분류를 참고할 것).**
>
> 1순위 적성영역에서 원하는 직업군/직업(중분류 직업):
>
> 2순위 적성영역에서 원하는 직업군/직업(중분류 직업):
>
> 3순위 적성영역에서 원하는 직업군/직업(중분류 직업):

3. 자기 성격과 적성 모두에 맞는 직업을 순서대로 3가지만 적어보라.

> 1순위 직업군/직업(중분류 직업):
>
> 2순위 직업군/직업(중분류 직업):
>
> 3순위 직업군/직업(중분류 직업):

4. 인생의 꿈을 구성하는 요인이 되는 삶의 가치는 개인마다 다르므로 수를 헤아릴 수 없을 정도로 많다. 그러나 이해를 돕기 위해 삶의 가치에 해당할 수 있는 것 일부를 정리하여 제시해 보기로 한다. 다음에 있는 삶의 가치 중에 가장 좋아하는 가치를 3가지 정도 선택해 보라. 보기 중에 없으면 평소에 자신이 중요시하는 다른 가치도 포함해서 적어보라.

> 책임감, 정확성, 모험, 이타주의, 나눔, 균형, 대담함, 조용함, 신중함, 도전, 명확함, 동정(연민), 일관성, 간결성, 계속적 향상, 공헌, 협조, 겸손, 호기심, 결단, 성실, 배움, 역동성, 경제성, 효과성, 효율성, 열정, 평등, 뛰어남, 최고, 탐구, 공평, 자유, 은혜, 행복, 열심히 일함, 진실(정직), 영광(영예), 건강, 성장, 독립, 성찰, 정의, 사랑, 순종(복종), 열린 마음, 질서, 애국심, 온전함, 꾸준함, 자선, 긍정성, 전문주의(전문성), 질을 중시함, 자아실현, 자기통제, 봉사, 단순함, 간단함, 속도, 안정성, 성공, 지지, 감사, 인내, 전통 존중, 신뢰, 아름다움, 예의, 이해, 통일, 활기참, 지역사회 안전, 관대함, 다른 사람을 이용하지 않음, 희생, 내 자신의 것으로 만듦, 평화, 돈 많이 버는 것, 신앙의 신조대로 사는 것, 유명해짐, 재미 추구, 기쁨, 존경받음, 자신의 스타일 유지, 사회 발전, 최선을 다함, 조화, 순수함, 솔직, 돌봄의 태도, 용기, 포용, 지도력, 권위, 충성, 가정생활의 편의, 사람들의 영양증진, 신체적/정신적 독립유지, 경제적 여유, 돌봄의 태도 유지, 경쟁력 유지

위의 삶의 가치 중 자신에게 가장 잘 맞고 좋아하는 것 3가지(다른 가치 포함)는?
(1) _____
(2) _____
(3) _____

※ 직업/경력 영역에서 인생의 꿈을 생각할 때 어떤 직업(일)을 원하는지를 아주 구체적인 직업으로 말할 수도 있지만, 폭넓게 직업군(직업집단)으로 묶어서 말하는 것이 바람직하다. 그래서 직업군(중분류 직업에 해당)으로 선택하는 데 참고할 수 있는 우리나라 직업의 대분류 및 중분류를 소개하면 다음 표와 같다.

<우리나라의 직업 분류표(대 분류 및 중 분류)>

직업 대 분류	직업 중 분류
관리자	• 공공기관 및 기업 고위직 • 행정·경영지원 및 마케팅 관리적 • 전문 서비스 관리직 • 건설·전기 및 생산관련 관리직 • 판매 및 고객 서비스 관리직
전문가 및 관련 종사자	• 과학 전문가 및 관련직 • 정보 통신 전문가 및 기술직 • 공학 전문가 및 기술직 • 보건·사회복지 및 종교 전문직 • 교육 전문가 및 관련직 • 법률 및 행정 전문직 • 경영·금융전문가 및 관련직 • 문화·예술·스포츠 전문가 및 관련직
사무 종사자	• 경영 및 회계 관련 사무직 • 금융 사무직 • 법률 및 감사 사무직 • 상담·안내·통계 및 기타 사무직
서비스 종사자	• 경찰·소방 및 보안 관련 서비스직 • 돌봄·보건 및 개인생활 서비스직 • 운송 및 여가 서비스직 • 조리 및 음식 서비스직
판매 종사자	• 영업직 • 매장 판매 및 상품 대여직 • 통신 및 방문·노점 판매 관련직
농림·어업 숙련 종사자	• 농업축산 숙련직 • 임업 숙련직 • 어업 숙련직
기능원 및 관련 기능 종사자	• 식품가공 관련 기능직 • 섬유·의복 및 가죽 관련 기능직 • 목재·가구·악기 및 간판 관련 기능직 • 금속 성형 관련 기능직 • 운송 및 기계 관련 기능직 • 전기 및 전자 관련 기능직 • 정보 통신 및 방송장비 관련 기능직 • 건설 및 채굴 관련 기능직 • 기타 기능 관련직
장치·기계 조작 및 조립 종사자	• 식품가공 관련 기계 조작직 • 섬유 및 신발 관련 기계 조작직 • 화학 관련 기계 조작직 • 금속 및 비금속 관련 기계 조작직 • 기계 제조 및 관련 기계 조작직 • 전기 및 전자 관련 기계 조작직 • 운전 및 운송 관련직 • 상하수도 및 재활용 처리 관련 기계 조작직 • 목재·인쇄 및 기타기계 조작직
단순노무 종사자	• 건설 및 광업 관련 단순 노무직 • 운송 관련 단순 노무직 • 제조 관련 단순 노무직 • 청소 및 경비 관련 단순 노무직 • 가사·음식 및 판매 관련 단순 노무직 • 농업·어업 및 기타 서비스 단순 노무직
군인	• 군인

5. 직업/경력 영역의 인생의 꿈(진로, 넓은 의미의 활동 방향)은 자기의 성격과 적성에 잘 맞는다고 생각하는가? 성격검사 결과의 추천직업과 적성검사 결과의 추천직업이 다를 경우는 적성검사의 추천직업을 선택하는 것이 바람직하다. 다시 한번 생각해 본 후에 자신에게 적합한 직업을 순위별로 적어보라.

<나의 성격과 적성에 맞는 일(직업)의 순위>
1순위: _____
2순위: _____
3순위: _____

※ <참고>
인생의 꿈을 구성하는 활동방향(넓은 의미)은 크게 두 가지이다. 하나는 직업 역할이나 직업 이외의 일반적 역할이고, 다른 하나는 행동 상태이다.

> **1. 직업적 역할/직업 역할 이외의 일반적 역할**
>   (1) 직업 역할: (예) 사업가, 예술가, 전자 기술자, 무역업자, 연주자, 배우, 작가, 교사(교수), 운동선수, 농부, 정치인, 공무원, 상담자, 전문가 등
>   (2) 일반 역할: (예) 자원봉사자, 환경 운동가, 시민단체 참여자, 친구, 회원, 선도자, 연락자 등
>
> **2. 넓은 범위의 행동 상태**
>   (예) 건강 유지, 최신 정보(기술/지식) 보유(유지), 안전 유지, 즐김, 관계 유지, 참여(참가), 돌봄 등

6. 인생의 꿈을 '삶의 가치'와 '활동방향'의 2가지 요소를 같이 엮어서 말하거나 글로 표현하는 형식은 다음과 같다.

> 1. 나는 _____을(를) (하기) 위해 _____가(이) 된다.
>   (삶의 가치)   (직업/일반 역할)
>
> 2. 나는 _____을(를) (하기) 위해 _____하는 사람이 된다.
>   (삶의 가치)   (직업/일반 역할)

> 3. 나는_____을(를) (하기) 위해_____가(이) 된다.
>   (삶의 가치)   (행동 상태)

연습을 위해 위와 같은 방법으로 자기가 가장 중요하게 생각하는 한 가지 생활영역에서의 인생의 꿈을 위 빈칸에 적어보기 바란다.

7. 자기가 생각해 온 확실한 인생의 꿈이 있거나 막연하게라도 생각해 온 인생의 꿈이 있으면 다음에 적어보라. 가능하면 이 연습 기회에 자기 인생의 꿈을 확립하기 바란다. 1가지 이상 4가지 이내의 생활영역을 선택하여 인생의 꿈을 적어보라.

생활영역	인생의 꿈

*생애설계 연습은 한국라이프플래닝연구소에서 만든 휴대전화 생애설계 앱(Application) 'Attale Pro'(2024년 말 개발 완료)를 사용해서 해 볼 수도 있고, 한국생애설계협회 발간의 'My Life Planning Diary(나의 생애설계 다이어리)'를 이용해서 해 볼 수 있고, 실제의 정식 생애설계도 이 앱과 다이어리를 통해 할 수 있다.

5. 생애설계 2단계: 생애목표 설정

생애목표는 무엇을 말하는가?

우리는 일상생활에서 목표(goal)라는 단어를 많이 사용하고 있다. 목표는 목적(purpose)과는 다른 말이다. 일반적으로 말하는 목표는 장래에 이루어 내고자 하는, 또는 달성하고자 하는 어떤 지위, 행동이나 상태를 말한다. 목적은 목표를 정하게 된 취지나 이유를 말하며, 인생의 꿈에서 말하는 삶의 가치에 해당하는 것이라 할 수 있다.

생애목표는 인생의 꿈을 실현한 것(이룬 것)으로 볼 수 있는 최종적 지위, 행동이나 상태와 최종적 지위, 행동 또는 상태에 도달하기 위한 중간단계 목표를 의미한다. 생애목표는 장래에 이루어 내고자 하는 것이라는 의미에서는 일반적으로 말하는 목표와 같은 의미지만, 인생의 꿈을 이루어 내고자 하는 것이라는 의미에서는 일반적으로 말하는 목표와는 의미가 다르다. 인생의 꿈(삶의 가치와 활동방향)은 구체적인 경우보다는 범위가 넓어(추상적어서) 구체적으로 어떤 활동이나 행동상태인지 알기 어렵다. 그래서 생애목표는 인생의 꿈이 이루어진 것으로 볼 수 있는 지위, 행동이나 상태를 확실히 알 수 있도록 구체적으로 정할 필요가 있다.

생애목표는 인생의 꿈이 실현된 것으로 볼 수 있는 구체적인 지위, 행동, 상태이므로 인생의 꿈을 먼저 확립(확인)해야 생애목표를 명확하고 쉽게 설정할 수 있다. 인생의 꿈을 확립하지 못해도 목표만 확실하면 목표설정부터 시작할 수도 있지만, 논리적으로는 1단계인 인생의 꿈이 확립되어야 그 꿈을 실현한 것으로 볼 수 있는 제2단계의 생애목표를 명확하게 설정할 수 있다.

생애목표는 생애주기 단계 과업의 대부분에 해당한다

1. 생애목표와 생애주기 단계 과업

생애목표는 생활영역별 인생의 꿈(생애사명)을 실현한 것이므로 대부분의 생애목표는 생활영역별로 생애주기 각 단계에서 수행하는 것이 바람직한 생애주기 단계 과업과 관련되어 있고, 이 생애주기 단계 과업의 대부분이 생애목표가 된다.

생애주기 단계 과업은 생애주기 단계마다 해결하고 다음 단계로 넘어가는 것이 바람직한 과업(과제)을 말한다. 생애주기 단계마다의 과업을 해당 단계에서 잘 해결하면 다음 단계로 넘어가기 쉽고, 앞으로 맞이할 여러 생애주기 단계의 과업 수행에도 계속 긍정적 영향을 미치게 된다. 반면에 각 단계에서의 과업을 잘 해결하지 못하면 다음 단계로 넘어가는 데 어려움을 만나고, 계속 이어지는 생애주기 단계의 과업 수행에도 부정적인 영향을 미칠 수 있다.

2. 생활영역별 생애주기 단계 과업

생애주기 단계별 과업은 발달심리학자들이 잘 제시하고 있지만 그것을 생활영역별로 구분하여 제시하지는 못하고 있다. 여기서는 한국생애설계협회에서 정리한 생활영역별 생애주기 단계 과업 중에 50+에 해당하는 중년기, 장년기 및 노년기 단계 과업만 제시하기로 한다. 장년기와 노년기 과업은 같은 것이 많으므로 둘을 합해서 장·노년기 과업으로 표시하고, 8개 생활영역의 중년기 및 장·노년기 과업은 <표 5-1>에서 <표5-8>까지와 같다. 생활영역별 생애주기 단계마다의 과업은 "생애설계와 시간관리(저자 최성재, 서울대학교출판부, 2020)"를 참고하기 바란다.

1) 직업·경력 영역의 생애주기 단계 과업

<표 5-1> 직업·경력 영역의 중년기 및 장·노년기 단계 과업

생애주기 단계	과업 사항
중년기	• 현재 일(직업)의 재검토와 창의적 변화 추구 • 경력개발 • 주된 일자리에서 1차 퇴직 준비 • 재취업 및 창업 준비 • 사회문화적 활동에의 관심과 참여
장·노년기	• 적성/성격의 (재)발견 • 취업 연장 • 재취업/창업 • 경력활용 활동(자문, 멘토링 등)

2) 학습·자기개발 영역의 생애주기 단계 과업

<표 5-2> 학습·자기개발 영역의 중년기 및 장·노년기 단계 과업

생애주기 단계	과업 사항
중년기	• 학위과정, 특별 교육과정/훈련과정 등의 직업연계 심화학습 • 직무능력 개발 • 경력개발 • 직무연계 평생교육 참여 • 전직·재취업을 위한 교육(심화교육 포함), 연구, 시찰, 연수(훈련)
장·노년기	• 직무연계 (평생)교육 • 취업·창업을 위한 교육·훈련, 심화교육 • 일상생활 적응과 교양증진을 위한 (평생)교육

3) 건강 영역의 생애주기 단계 과업

<표 5-3> 건강 영역의 중년기 및 장·노년기 단계 과업

생애주기 단계	과업 사항
중년기	• 신체·정신적 노화과정의 체계적 이해 • 건강 유지/증진 행동의 습관화 • 만성질환 발견, 대응, 치료 • 정기 건강검진 • 공적 건강보험 외 추가적 상해·질병 치료비 확보, 개인 보험 등
장·노년기	• 신체·정신적 노화과정의 체계적 이해 • 예방접종 및 정기적 건강검진 • 건강 유지/증진 행동의 습관화 • 만성질환 발견 및 치료 • 건강 약화 시의 재산관리 및 법률 대리인 지정 • 지속적 돌봄 서비스 필요시 주거대책 • 공적 건강보험 외 추가적 상해·질병 치료비 확보, 개인 보험 가입 등

4) 가족·사회관계 영역의 생애주기 과업

<표 5-4> 가족·사회관계 영역의 중년기 및 장·노년기 단계 과업

생애주기 단계	과업 사항
중년기	• 자녀와의 관계 재정립 • 자녀의 교육·결혼 지원 • 직장과 가정생활의 적절한 균형화 및 부부관계 강화 • 다양한 사회활동 및 봉사활동을 통한 동료관계 형성
장·노년기	• 배우자와 관계 증진 • 자녀 및 손자녀와의 접촉 증진 • 사회참여 및 봉사활동을 통한 다양한 연령층과의 동료관계 형성 • 친구관계의 재정립(선택과 집중)

5) 주거영역의 생애주기 단계 과업

<표 5-5> 주거영역의 중년기 및 장·노년기 단계 과제

생애주기 단계	과업 사항
중년기	• 자녀 양육에 안전한 주거 확보 • 주택 내 자녀의 개인생활 공간 확보 • 노후 주거생활 계획수립
장·노년기	• 주거의 의료시설 접근 용이성 확보 • 주거공간의 안전성·편의성 확보 • 건강 약화 시의 주거원칙 확립

6) 사회참여·봉사영역의 생애주기 단계 과업

<표 5-6> 사회참여·봉사영역의 중년기 및 장·노년기 단계 과업

생애주기 단계	과업 사항
중년기	• 시민사회활동·봉사활동 참여 • 다양한 연령층과의 시민사회활동·봉사활동 참여 • 다양한 재능기부·물질적 기부활동 참여
장·노년기	• 다양한 연령층과의 시민사회활동·봉사활동 지속적 참여 • 다양한 재능기부·물질적 기부활동 참여 • 청소년·청년 멘토링 참여

*시민사회(civil society)는 국가의 시민들이 국가의 정책이나 기업(시장)의 활동이 공정하고 공평한지를 감독하고 비판하고, 지역사회와 국가사회의 발전과 개선을 위해 시민들이 자발적으로 결성한 단체를 말한다. 우리나라에서는 '시민사회단체'라 부르는데 시민사회단체는 정치적으로 중립적이어야 하는 것이 원칙인데 일부 시민단체는 정치 편향적인 경우가 있어 문제임.

7) 여가·영적활동 영역의 생애주기 단계 과업

<표 5-7> 여가·영적활동의 중년기 및 장·노년기 단계 과업

생애주기 단계	과업 사항
중년기	• 다양한 형태(개인, 부부, 가족, 단체)의 여가활동 개발·참여 • 적합한 스포츠 활동 개발·참여(부부참여 고려) • 영적·종교 활동 참여(개인적 선택)
장·노년기	• 선호하는 여가활동의 선택과 집중(부부참여 고려) • 선호하는 스포츠 활동의 선택과 집중(부부참여 고려) • 다양한 연령층과 여가활동 참여 • 영적·종교 활동 참여(개인적 선택) • 웰다이잉(well-dying: 바람직한 죽음) 준비

8) 재무 영역의 생애주기 단계 과업

<표 5-8> 재무 영역의 중년기 및 장·노년기 단계 과업

생애주기 단계	과업 사항
중년기	• 공적연금과 연계한 노후 생활자금 산출·준비 • 사적연금 가입, 퇴직연금 가입·관리 • 자산관리 전략 수립 및 실천 • 본인·배우자의 추가적 건강관리 비용 마련 • 자녀 교육비 및 부모 의료비 지원
장·노년기	• 감소된 수입에 적응하기 • 자산관리 및 투자 • 추가적 수입원 개발(주택연금·농지연금 포함) • 본인·배우자의 추가적 건강관리 비용 마련 • 건강 약화 시의 재산권에 관한 법률 대리인 지정

생애목표 설정 5원칙: SMART 원칙

인생의 꿈은 그 내용이 삶의 가치와 활동방향 2가지 모두 아니면 삶의 가치 또는 활동방향 하나만으로 구성되어 있다. 그런데 그 꿈의 내용이 추상적이고 폭이 넓어 구체적이지 못한 경우가 많다. 인생의 꿈은 폭넓게 추상적으로 나타내는 것이 다양한 선택의 여지가 있어 오히려 바람직하다. 이에 비해 생애목표는 추상적인 인생의 꿈이 현실에서 실현된다면 어떤 것인지 알 수 있도록 구체적으로 표현하여 설정해야 한다. 그럼에도 불구하고 생애목표를 상당히 추상적으로 표현하는 경우가 많다. 예를 들면 "경제적으로 자립한다.", "건강 상태를 잘 유지한다.", "아내와 관계를 개선한다.", "여유로운 생활이 가능하도록 생활자금을 마련한다."라는 등은 목표를 나타내는 데, 문구 자체 의미의 범위가 넓고, 불분명하여 정확히 그 목표가 달성되었는지 판단하기 어렵다.

생애목표든 일반적 목표든 목표는 구체적으로 쉽게 잘 알 수 있고, 판단할 수 있도록 설정하는 것이 중요하다. 목표를 잘 설정하는 5가지 원칙으로 알려진 SMART원칙이 있다. 생애목표를 설정하고 작성하는 방법은 목표라는 의미에서는 일반적인 목표를 설정하는 방법과 차이가 없으므로 일반적인 목표설정의 원칙을 따르는 것이 바람직하다. SMART원칙은 각 원칙을 나타내는 핵심 영어단어 첫 글자를 조합한 것이다. SMART원칙은 다음과 같다.

(1) 구체적(**S**pecific)이어야 한다.
(2) 측정(관찰)가능(**M**easurable)해야 한다.
(3) 달성가능(**A**chievable)해야 한다.
(4) 논리적으로 적합하게(**R**elevant) 연계되어야 한다.
(5) 목표달성의 기한이나 시점(**T**ime-bound)이 있어야 한다.

SMART원칙으로 맞게 작성한 생애목표의 2가지 예시를 제시하면서 SMART원칙이 어떻게 적용되었는지를 살펴보기로 하자. 이해를 돕기 위해 생애목표와 연계된 인생의 꿈도 같이 제시하겠다. 예시로는, 퇴직 전 회사의 구매업무 관리직으로 근무한 60세 남성과 전업주부로 자녀 2명은 모두 결혼시키고 배우자와 함께 살고 있는 70세 여성의 경우를 가정한 것이다.

[회사의 구매업무 관리직으로 퇴직한 60세 남성]
<직업·경력 생활영역 인생의 꿈>
나의 경력을 활용하여 소상공인들의 구매업무 개선에 공헌하는 사람이 된다.

[생애목표]
63세까지 거주지역 재능기부 컨설턴트로 등록하여 활동한다.

[배우자와 함께 살고 있는 70세 가정주부]
<사회참여·봉사 생활영역 인생의 꿈>
작은 것이라도 어려운 이웃과 나누기 위해 지역사회의 봉사활동에 참여한다.

[생애목표]
75세까지 지역의 독거노인 4명에 대해 주1회 방문하여,
집안청소, 식사, 말동무, 집 주변 청소 등의 자원봉사를 실행한다.

S는 Specific의 약자인데 목표는 구체적이어야 한다. 즉 실제적이고 개별적이고, 세밀해야 한다는 것이다. 예시에서 60세 남성의 재능기부 컨설턴트 활동과 70세 여성의 자원봉사자 활동은 구체적인 활동이라 할 수 있다.

M은 Measurable의 약자인데 목표는 측정(관찰) 가능해야 한다. 즉 목표 내용을 보고 쉽게 판단할 수 있어야 한다는 것이다. 예시에서 60세 남성의 소상공인 구매업무 컨설턴트로 활동하는 것, 70세 여성의 주 1회 방문 자원봉사는 본인이 스스로 알 수 있고, 객관적으로도 확인할 수 있다.

A는 Achievable의 약자인데 목표는 달성가능 해야 한다. 예시에서 60세 남성의 경우 퇴직 전의 업무경험을 살려 소상공인들의 구매업무 개선을 위한 교육에 참여하고, 필요한 경우 업무관련 자격

증을 취득하는 것 등으로 재능기부 컨설턴트라는 지위를 획득하고, 그에 맞는 적합한 역할을 하는 것은 현실적으로 충분히 달성가능할 수 있다. 또한 70세 여성의 경우에도 가정주부로서 독거노인들에 대한 자원봉사에 필요한 교육을 받고, 독거노인 집을 방문하여 집안청소, 식사준비, 말동무 등을 하는 것은 충분히 달성가능한 것이라 할 수 있다.

R은 Relevant의 약자인데, 목표는 논리적으로 인생의 꿈을 이루는 것과 관련되고 합당해야 한다. 예시에서 60세 남성의 경우 소상공인 구매업무 개선 상담은 퇴직 전까지 해왔던 구매업무 경력을 활용하여 자신의 사회적 가치를 유지하는 인생의 꿈을 실현하는 것과 논리적으로 연계되고 합당한 것이라 할 수 있다. 또한 70세 여성의 경우에도 전업주부로써 충분한 경험을 가지고 있는 집안청소, 식사, 집 주변 청소, 말동무해주기 등으로 자신의 사회참여·봉사 생활영역의 꿈을 실현하는 것과 논리적으로 연계되는 합당한 것이라 할 수 있다.

T는 Time-bound의 약자인데, 목표는 달성하기 위한 기한이나 시기가 정해져야 한다는 것이다. 예시에서 남성은 63세까지, 여성은 75세까지라고 기한을 정하고 있다.

생애목표의 구분과 설정

1. 생애목표의 구분

생애목표는 어떻게 구분하는가? 생애목표(최종목표)를 달성하기까지는 긴 시간이 필요하고, 목표의 범위도 다를 수 있다. 따라서 생애목표는 달성하기까지 걸리는 시간 정도에 따라 최종목표-장기목표-중기목표-단기목표로 구분될 수 있고, 목표의 범위에 따라 최종목표-대목표-중목표-소목표로 구분할 수 있다. 대부분 장기목표=대목표, 중기목표=중목표, 단기목표=소목표가 된다. 따라서 이후는 "최종-장기-중기-단기목표"로 표현하기로 한다.

<그림 5-1>에서와 같이 현재부터 최종목표에 이르는 과정에서 장기목표, 중기목표, 단기목표는 최종목표에 도달하는 중간경로가 된다는 의미에서 중간목표라 하고, 최종목표 달성 시점까지 수단이 된다는 의미에서 수단적 목표라고도 한다.

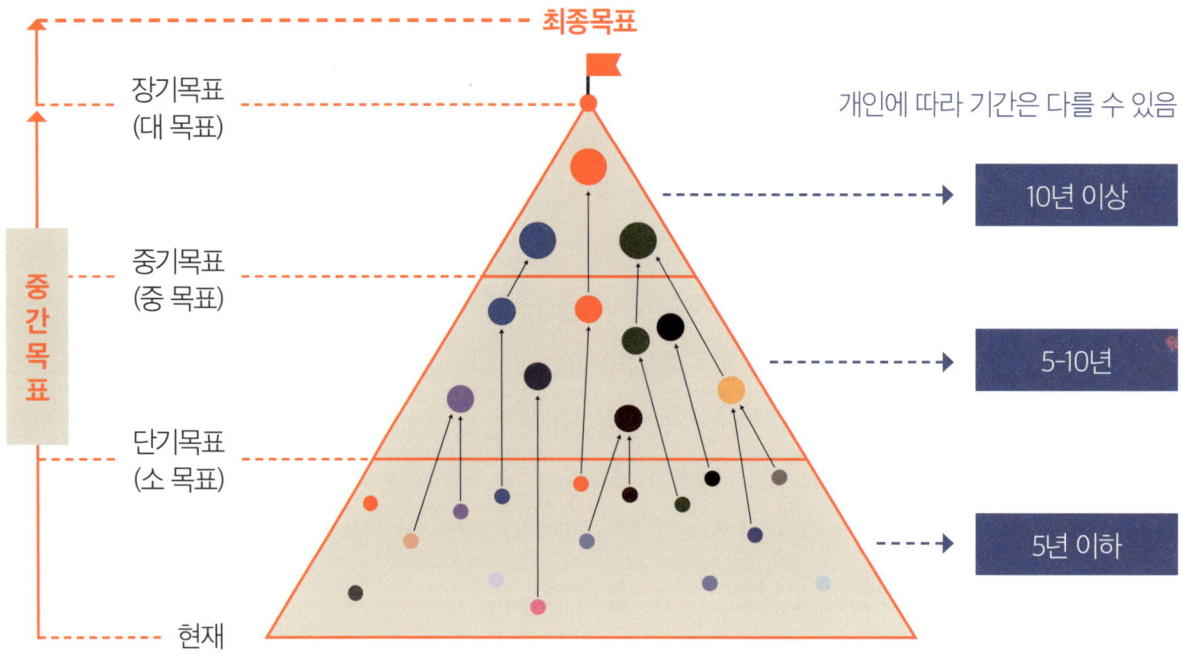

<그림 5-1> 생애설계에서 목표의 구분(목표체계)

목표를 최종-장기-중기-단기 목표로 구분하여 연계하는 것을 여기서는 편의상 "목표체계"라고 부르기로 한다. 목표체계는 자신이 현재 속해 있는 생애주기 단계에서 향후 최종적으로 도달하고자 하는 최종목표까지 연계되는 모든 목표가 연결된 관계를 말한다. 생애설계의 목표체계는 출발점인 현재 시점부터 최종적으로 도달하려는 목적지인 최종목표까지의 대략적인 큰 진로(이정표)라 할 수 있다. 즉 목표체계는 현재 시점에서는 수십 년에 걸쳐 이루어질 수도 있는 최종목표까지 상세한 중간진로(중간목표)를 설정하기 어렵기 때문에 큰 방향의 진로를 설정하는 것이다.

단기목표까지(대체로 5년 이내)는 비교적 짧은 시간이기 때문에 많은 부분에서 예측이 가능하다. 따라서 필요한 경우에는 별도로 현재부터 단기목표 달성 시점까지 1년 단위로 좀 더 상세한 목표를 설정할 수도 있고 그렇게 하는 것이 바람직하기도 하다. 현재에서 단기목표 달성 시점까지 1년 단위로 매년의 목표(이후 '단기 매년 목표'라 함)를 설정할 것인지 아닌지는 개인적으로 판단할 선택사항이다.

2. 개인마다 생애목표 달성 기간이 다를 수 있다

생애설계는 향후 생애주기 단계 전체를 계획하는 것이 원칙이지만, 사람마다 목표 달성의 기간이나 목표의 범위도 다를 수 있다. 사람마다 다른 인생의 꿈, 생애주기상의 단계, 직업/활동 특성을 고려하여 생애설계 기간도 1차, 2차, 3차 등으로 나눌 수 있다.

일하는 기간을 취업부터 60~70세 정년퇴직까지로 한다면 퇴직시점까지 1차 생애설계를 하고, 퇴직 이후에 대해서는 2차 생애설계를 할 수 있다. 또한 직업이나 사회활동의 기간을 짧게 구분하는 경우, 20~30대, 40~50대, 60~70대로 구분하여 1차, 2차, 3차 생애설계를 할 수 있다. 아울러 전문직이나 자영업의 경우, 정년을 의식하지 않는다면 생애기간 구분 없는 단일기간 생애설계를 할 수도 있다.

50+의 정년퇴직 이후도 인생의 꿈이 불확실한 경우, 먼저 10~20년 정도에 대해 1차 생애설계를 하고, 그 이후 2차, 3차 생애설계를 할 수 있다. 중요한 것은 단일기간 생애설계든 다단계 생애설계든 충분한 시간적 여유를 가지고(최소 5년 정도) 새로운 삶을 시작하기 전에 설계하는 것이 바람직하다.

목표기간 구분은 단기는 5년 이내, 중기는 5-10년, 장기는 10년 이상이 일반적이지만, 자신의 현재 생애주기 단계와 목표의 특성에 따라 각각 다를 수 있다.

3. 생애목표 설정 순서

생애목표의 설정순서는 최종목표를 먼저 설정하고, 그 최종목표에 도달하기 위한 중간(수단적)목표를 장기->중기->단기목표 순으로 설정하는 것이 논리적이며 현실적으로도 타당하다. 즉, 최종목표를 먼저 설정하고 그 최종목표를 이루기 위해 그 전에 도달해야 할 장기목표를 설정하고, 장기목표를 이루기 위해 그 전에 도달해야 할 중기목표를 설정하고, 다시 중기목표에 이르기 전에 먼저 도달해야 할 단기목표를 설정하는 것이다.

생애목표 설정 예시

앞의 목표설정 원칙에서의 예시한 60세 남성과 70세 여성의 인생의 꿈과 목표설정의 목표체계를 그림으로 제시하면 <그림 5-2-1> 및 <그림 5-2-2>와 같다.

그림<5-2-1>에서 60세 남성의 경우 "나의 경력을 활용하여 구매업무 개선에 공헌하는 사람이 된다"는 것이 인생의 꿈이다. 그 인생의 꿈을 실현한 최종목표는 "80세까지 지역 소상공인 구매업무 개선을 위한 재능기부 컨설턴트로 활동한다."는 것이다. 이 사람은 최종목표에 도달하기 위한 장기목표로는 "65세에 재능기부 교육 강사와 컨설턴트로 등록하고 활동을 시작한다"이며 중기목표는 63세에 방송통신대 졸업, 상담사 자격증 취득, 64세에 강사로서 역량을 갖추기 위한 강사교육 훈련받는 것을 목표로 설정하였다. 이 두 가지의 중기목표에 도달하기 위한 단기목표는 61세까지 방송통신대 상담학과에 입학하여 상담학 공부를 시작하고, 62세에 소상공인들에게 효율적인 구매업무 개선 방안을 교육하고 상담하기 위해 소상공인 지원 정책, 구매실태 및 경영실태를 연구하는 것으로 설정하였다.

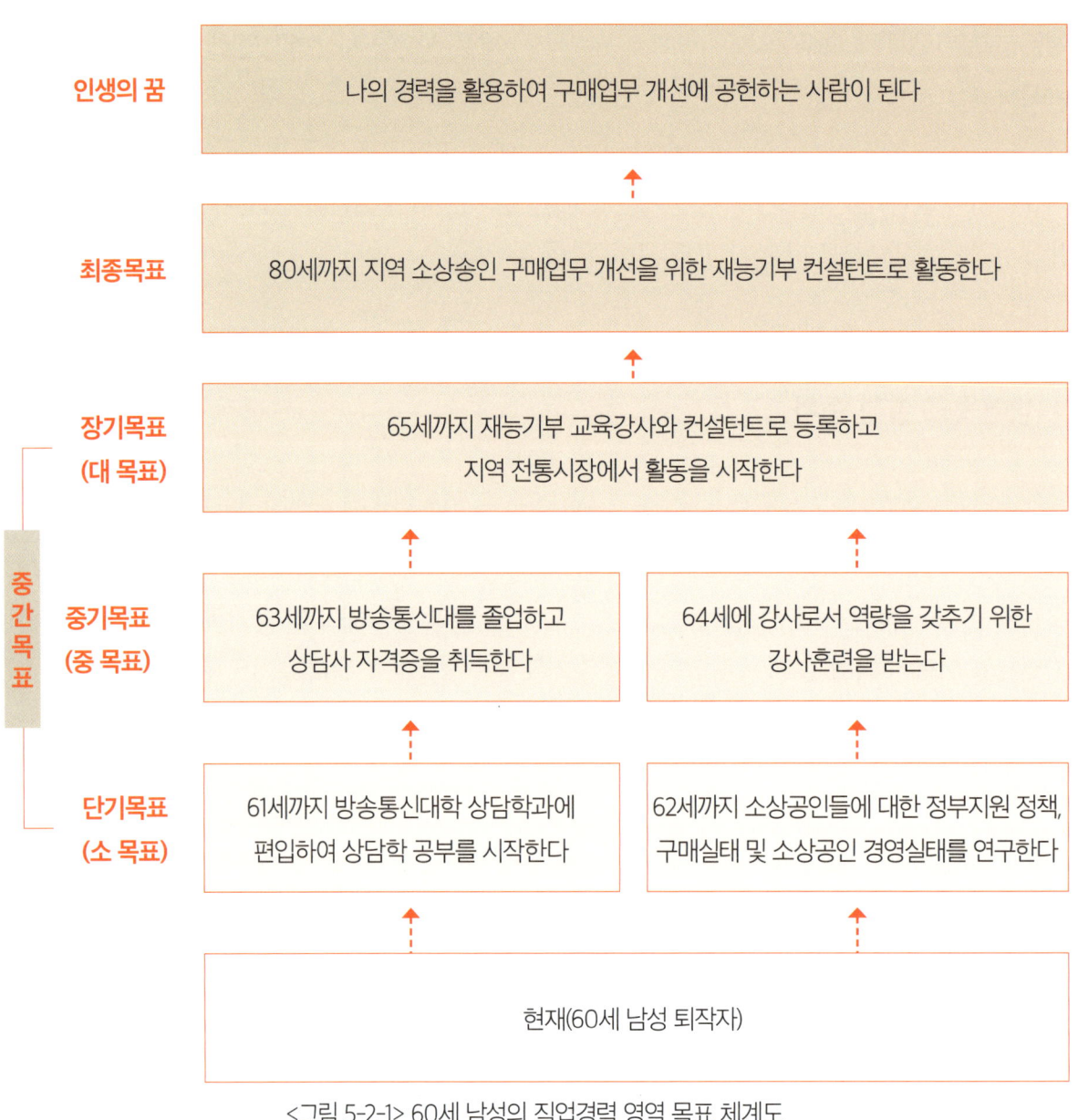

<그림 5-2-1> 60세 남성의 직업경력 영역 목표 체계도

<그림 5-2-2> 70세 여성의 사회참여·봉사 생활영역의 목표 체계도

<그림 5-2-2>에서와 같이 70세 여성의 경우는 "작은 것이라도 어려운 이웃과 나누기 위해 지역사회 봉사활동에 참여한다"는 것이 인생의 꿈이다. 그 인생의 꿈을 실현하기 위한 최종목표는 "80세까지 독거노인 1명을 방문하는 자원봉사를 한다"는 것이다. 이 여성의 장기목표는 "78세까지 독거노인 2명을 방문하는 자원봉사 활동하는 것"으로 설정하였다. 중기목표로는 "75세까지 독거노인 3명에 대해 주 1회 방문하는 자원봉사 활동하는 것"으로 설정하였고, 단기목표는 "71세에 독거노인 자원봉사 교육을 완료하고, 주 1회 독거노인 4명을 방문하는 자원봉사 활동을 시작하는 것"으로 설정하였다.

목표체계를 그림으로 표시하면 목표 간 상호관계를 잘 알 수 있고 보기도 편하지만 목표가 여러

개 많으면 그림으로 표시하기 어렵기 때문에 <표 5-9-1> 및 <표 5-9-2>와 같이 표로 나타내는 것이 효과적이다. 목표체계에서 최종목표-장기목표-중기목표-단기목표의 관련성은 목표번호의 단위로 표시한다. 즉 목표번호 3단위(X-X-X)의 첫째는 장기목표, 둘째는 중기목표, 셋째는 단기목표를 나타내며 어느 목표와 어떻게 연결되는지를 알 수 있다.

<표 5-9-1> 60세 남성의 목표체계(직업·경력 영역)

구분	목표번호	목표
인생의 꿈		나의 경력을 활용하여 소상공인들의 경영업무 개선에 공헌하는 사람이 된다.
최종목표		80세까지 지역 소상공인 구매업무 개선을 위한 거주지역 재능기부 컨설턴트로 활동한다.
장기목표	1	64세에 재능기부 교육강사와 컨설턴트로 등록하고 지역 전통시장에서 활동을 시작한다.
중기목표	1-1	63세에 방송통신대 졸업과 상담사 자격증 취득한다.
중기목표	1-2	63세에 강사로써 역량을 갖추기 위한 강사교육 훈련을 받는다
단기목표	1-1-1	61세까지 방송통신대 상담학과에 편입하여 상담학 공부를 시작한다.
단기목표	1-2-1	62세까지 소상공인들에 대한 정부지원 정책, 구매실태 및 소상공인 경영실태를 연구한다.

<표 5-9-2> 70세 여성의 목표체계(사회참여·봉사 영역)

구분	목표번호	목표
인생의 꿈		작은 것이라도 이웃과 나누기 위해 지역사회의 자원봉사활동에 참여한다.
최종목표		80세까지 할 수 있는 한 지역사회 독거노인 1명을 주 1회 방문하는 자원봉사 활동을 한다.
장기목표	1	78세까지 주 1회 독거노인 2명을 방문하는 자원봉사 활동을 한다.
중기목표	1-1	75세까지 독거노인 4명을 주 1회 방문하는 자원봉사 활동을 한다.
단기목표	1-1-1	71세까지 독거노인 자원봉사 교육을 완료하고, 주 1회 독거노인 4명을 방문하는 자원봉사 활동을 시작한다.

앞에서 말한 바 있는데 단기목표 기간 동안(대체로 2-5년으로 기간이 개인에 따라 다를 수 있음) 매년의 목표를 나타내는 단기 매년목표의 표를 추가적으로 마련할 수 있다. 이 같은 단기 매년목표는 개인적으로 필요하다고 생각하면 설정할 수 있는 선택사항이다.

인생의 꿈과 연계된 생애목표 설정 예시

50+의 연령, 특성, 그리고 상황에 따라 생애설계의 내용이 다를 수 있기 때문에 가장 보편적인 예시를 제시하기는 대단히 어렵다. 그럼에도 불구하고 50+ 개인의 생애설계에 나름대로 도움이 될 수 있으리라 생각되는 남성과 여성 한 사람씩을 가상하여 예시로 제시해 보기로 하겠다.

60세 남성의 경우는 대부분의 사무직 출신 60대 퇴직 남성들이라면 충분히 생각할 수 있고, 현실적으로 충분히 실행과 달성이 가능한 인생의 꿈과 목표들로 구성하였다(<표 5-10-1> 참조).

<표 5-10-1> 60세 남성의 생활영역별 인생의 꿈과 연계된 생애목표 설정의 예

생활영역	인생의 꿈 예시	생애 (최종)목표 예시
1. 직업·경력	나의 경력을 활용하여 소상공인들의 경영업무 개선에 공헌하는 사람이 된다.	80세까지 지역 소상공인 구매업무 개선을 위한 재능기부 컨설턴트로 활동한다.
2. 학습·자기개발	사회에 공헌할 수 있는 능력과 자신의 가치 유지를 위해 항상 배우려고 노력하는 사람이 된다.	63세에 방송통신대학 상담학과를 졸업하고 상담사 자격증을 취득한다.
3. 건강	내 생의 마지막 순간까지 신체적 및 정신적 독립유지를 위해 항상 건강관리에 충실한 사람이 된다.	가능하면 마지막 순간까지 매일 1시간 이상 유산소 운동과 근력운동을 지속하며 건강관리를 습관화하는 모범적인 시니어가 된다.
4. 가족·사회관계	자녀들과 배우자를 존중하고 배려하며, 지인들에게 도움이 되는 삶을 산다.	항상 자녀들과 정기적으로 만나며, 배우자와 가사일을 분담하고, 지인들에게 환영받는 사람이 된다.
5. 주거	가정생활에서 편안하고 안전한 주거환경을 유지한다.	75세까지 편안하고 안전한 주택으로 개조하고, 부부의 건강약화 시에 대비하는 주거시설을 준비한다.
6. 사회참여·봉사	가진 것을 이웃과 나누며, 지역사회에 봉사하는 삶을 산다.	80세까지 매월 4시간 이상 지역사회 소상공인들을 위한 자원봉사 활동에 참여하고, 월 생활비의 3%를 사회에 기부한다.
7. 여가·영적활동	자신의 신체적, 정신적 및 영적 휴식과 즐거움을 위해 여가활동을 개발하여 즐기고, 종교활동을 지속한다.	80세까지 부부가 같이 하는 취미활동 한 가지 이상을 개발하여 즐기고, 부부가 함께 정기적 종교활동을 계속한다.
8. 재무	삶의 마지막까지 부부가 경제적 안정과 여유를 가질 수 있는 생활자금을 확보한다.	마지막 순간까지 자산을 지혜롭게 관리하여 월 300만 원 이상의 생활비를 마련한다.

70세 여성은 결혼 이후 직장생활 경험이 없으며 전업주부로 생활해 왔다. 평소 남을 돕는 인생을 살아야겠다는 꿈을 실현하기 위해 자신의 적성과 성격에 맞고, 가정주부로서의 경험과 가정관리의 노하우를 충분히 살릴 수 있는 인생의 꿈과 생애목표를 생각할 수 있다. 예시는 남을 돕는 인생을 살고 싶어 하는 70대 여성에 대한 자원봉사 영역의 인생의 꿈과 그 꿈을 실현하는 자원봉사 활동 중심의 생애목표와 보통 사람들도 가질 수 있는 다른 생활영역에서의 소박한 인생의 꿈과 생애목표로 구성하였다(<표 5-10-2> 참조).

<표 5-10-2> 70세 여성의 생활영역별 인생의 꿈과 연계된 생애목표 설정의 예

생활영역	인생의 꿈 예시	생애 (최종)목표 예시
1. 직업·경력	전업주부로서 삶의 경험과 지혜를 자녀들에게 전수한다.	75세까지 전업주부로써 50년간 쌓아온 음식 조리법과 가정살림의 방법과 지혜를 정리하여 자녀들에게 전수한다.
2. 학습·자기개발	자신이 발전하고 세상에도 도움이 될 수 있도록 항상 새로운 것을 배우려고 노력한다.	80세까지 화초와 유실수 재배 관리법을 지역문화·학습강좌와 유튜브를 통해 학습하고 집안에서 실천해 본다.
3. 건강	거동불능과 치매없는 인생을 위해 항상 건강관리를 철저하게 하는 사람이 된다.	생의 마지막 날까지 매일 한 시간씩 운동하고, 연 1회씩 정기 건강검진을 받고, 영양식을 습관화 한다.
4. 가족·사회관계	가족과 주위 사람들을 항상 배려하며 도움이 되는 사람이 된다.	85세까지 최대한 가족과 지인들에게 부담 주지 않고, 양보하고 도움을 주는 삶을 산다.
5. 주거	편안하고 안전한 거주환경을 유지하고 건강약화 시에 대비하는 주거시설을 준비한다.	75까지 현재 주택을 편안하고 안전한 생활공간으로 개조하고, 건강약화 시에 대비하는 주거시설의 최신정보를 유지한다.
6. 사회참여·봉사	작은 것이라도 이웃과 나누기 위해 지역사회의 자원봉사활동에 참여한다.	80세까지 주 1회 독거노인 1명을 방문하는 자원봉사 활동을 한다.
7. 여가·영적활동	삶의 휴식과 즐거움을 느낄 수 있도록 일정시간을 여가활동에 사용하고, 종교활동을 지속한다.	80세까지 한 가지 이상 취미활동을 개발하여 즐기며, 종교활동에 주 4시간 이상을 사용한다.
8. 재무	삶의 마지막까지 재정적 안정을 위해 여유있는 생활자금을 유지한다.	85세까지 월 생활비의 20%를 여유자금으로 확보하며, 건강 등의 비상시 자금을 마련한다.

요약

1. 인생의 꿈을 실현하려면 구체적으로 생애목표를 설정해야 한다

2. 생애목표는 무엇을 말하는가?
    1) 목표의 의미: 일반적으로 목표는 장래 이루어 내고자 하는, 또는 달성하고자 하는 어떤 지위, 활동, 행동 또는 상태
    2) 생애목표의 의미: 인생의 꿈이 실현된 것(이루어진 것)으로 볼 수 어떤 지위, 활동, 행동 또는 상태와 최종목표를 이루기 위한 중간단계 목표

3. 생애목표는 생애주기 단계 과업의 대부분에 해당된다
- 생애목표는 생활영역별 인생의 꿈(생애사명)을 실현한 최종상태이거나 최종 상태에 도달하기 위한 중간과정이므로 생활영역별로 생애주기 단계별로 수행하는 것이 바람직한 생애주기 단계 과업의 대부분이 생애목표가 된다.
- 생애주기 단계 과업을 생활영역별로 구분하여 학술적으로 제시한 것을 찾기 어려우나 한국생애설계협회에서 정리한 것을 제시하면 <표 5-1>에서부터 <표 5-8>까지와 같다.

4. 생애목표 설정의 5원칙(SMART 원칙)
- 일반적 목표든 생애목표든 모든 목표는 5가지 원칙을 따라 설정(표현/서술)하는 것이 바람직하다: (1) 구체적(Specific)일 것, (2) 측정가능(Measurable)할 것, (3) 달성가능(Achievable)할 것, (4) (논리적으로) 적합하게(Relevant) 연계될 것, (5) 달성의 시간제한(기한)(Time-bound)을 정할 것

5. 생애목표 구분(구성)과 설정
    1) 생애목표 구분: 달성기간에 따라 최종목표-장기목표-중기목표-단기목표-현재로 구분되며, 또한 목표의 범위에 따라 대목표-중목표-소목표로 구분된다. 최종목표=대목표, 중기목표=중목표, 단기목표=소목표가 되는 경우가 많다. 현재와 최종목표 사이의 여러 단계의 목표를 중간목표 또는 수단적 목표라 한다.
    2) 목표가 구분되고 연결되어 있는 체계를 편의상 '목표체계'라 부르기로 한다. 목표체계는 주로 최종목표-장기목표-중기목표-단기목표로 구분된다.
    3) 현재와 단기목표 사이의 연도별 목표설정: 목표체계는 현재에서 최종목표까지의 대략적 진로를 먼저 정하는 것이므로 상세한 목표를 설정하기 어렵다. 그러나 현재 이후 단기목표 달성시점까지는 상세한 목표를 정할 수 있으므로 개인적 필요성에 따라 목표체계와 더불어 현재부터 단기목표 달성시점까지의 연도별 목표(단기 매년목표)를 설정할 수도 있다(선택사항).
    4) 목표체계의 표시 방법: 그림보다는 표로 나타내는 것이 편리하다.
    5) 생애목표 달성기간 구분은 개인에 따라 다를 수 있다.
    6) 생애목표 설정순서는 최종→장기→중기→단기목표의 순으로 한다.
    7) 생애목표는 생활영역별 인생의 꿈에 따라 생활영역별로 달리 설정된다.

<생애목표 설정 연습>

1. 생애목표는 인생의 꿈이 이루어졌다면 어떤 활동(역할)을 하게 될 것이지, 어떤 지위가 되고, 또는 어떤 행동을 하는 상태가 될 것인가를 예측한 것이다. 생애목표는 확실하고, 분명하고, 세밀하게 표현해야 한다. 연습을 위해 <인생의 꿈 확립 연습> 7번에서 해 본 생활영역의 꿈 중 하나만 선택하여 그 꿈을 이룬 것으로 볼 수 있는 최종목표(여기서는 20년 후)를 다음 양식으로 설정해 보라.

> 나는 _____ 까지(에) _____
> _____ (을, 가, 이)를 한다(이룬다, 된다).

2. 목표는 분명하고 확실하고 잘 알 수 있도록 표현해야 한다. 그 목표가 잘 설정되었는지(표현되었는지)는 목표설정의 5가지 원칙(SMART)에 맞는가를 검토해 볼 필요가 있다. 위에서 설정해 본 생애목표가 5가지 원칙에 맞는지를 한 가지씩 검토해 보기 바란다.

1) 구체적(Specific)이어야 한다: 눈으로 보거나 느낌으로 확실하고 분명하게 어떤 것인지 알 수 있는가? 예(   ), 아니오(맞게 수정해 보라)

2) 측정가능(Measurable)해야 한다: 보거나 느낌으로 달성했는지 또는 어느 정도 달성했는지를 판단할 수 있는가? 예(   ), 아니오(맞게 수정해 보라)

3) 달성가능(Achievable)해야 한다: 내 능력과 노력으로 이루어 낼 수 있는가? 예(   ), 아니오(맞게 수정해 보라)

4) 적합(Relevant)해야 한다: 인생의 꿈을 이룬 것으로 보기에 적합한가? 예(   ), 아니오(맞게 수정해 보라)

5) 기한/시기(Time-bound)를 정해야 한다: 언제까지 또는 언제 이룰 것인지 기한이나 시기를 정하고 있는가? 예(   ), 아니오(맞게 수정해 보라)

3. 생애목표를 이루기까지는 오랜 시간이 걸린다. 목표달성에 걸리는 시간에 따라 최종-장기-중기-단기목표로 구분하는 것이 바람직하다. 앞의 2번 연습문제에서 선택한 생활영역의 최종목표(20년 후)와 장기(15년 후)-중기(10년 후)-단기(5년 후)로 구분하고 SMART 원칙에 맞게 각각 하나씩만 설정해 보라.

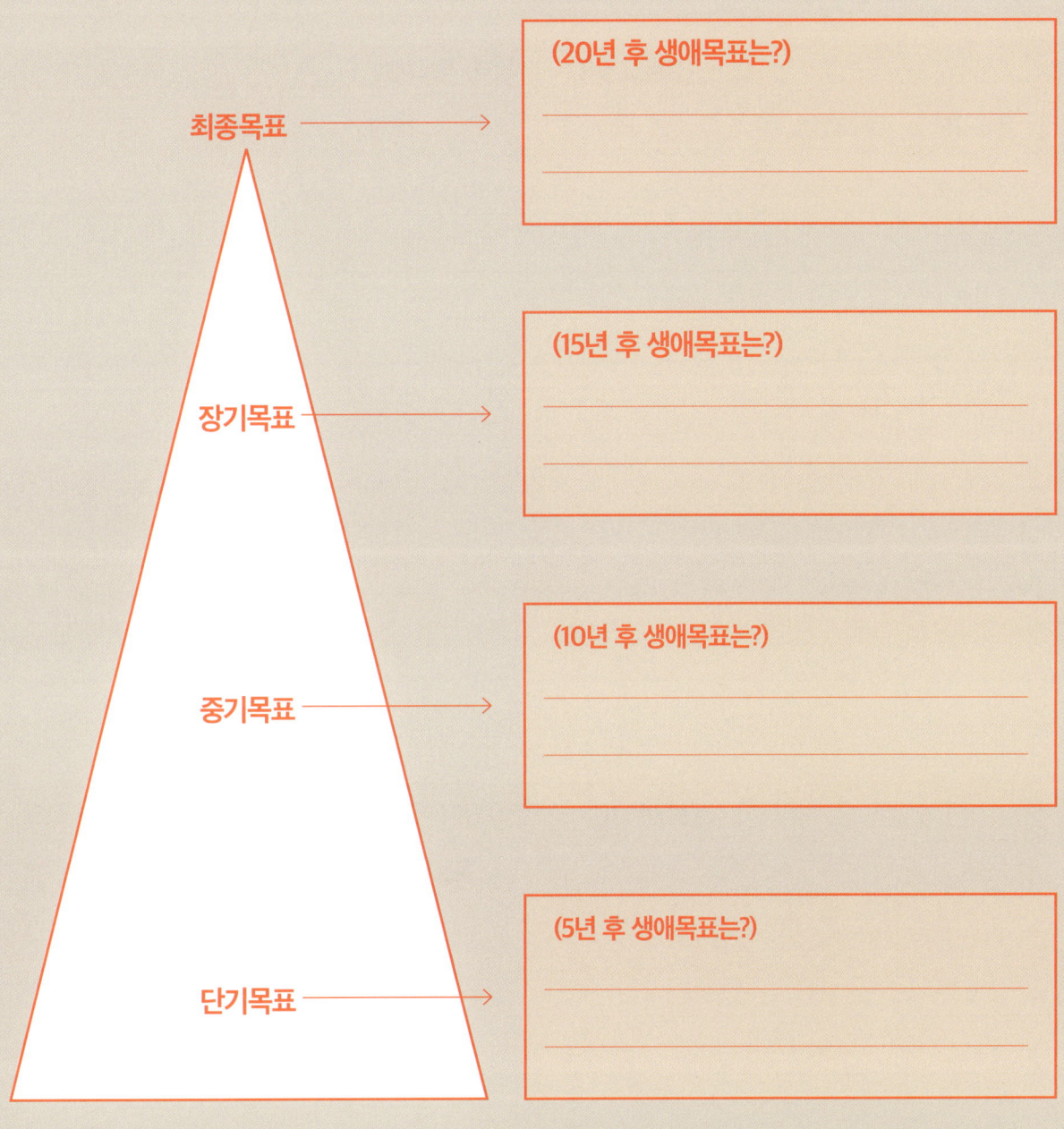

4. <인생의 꿈 확립 연습> 7번에서 선택하여 연습해 본 생활영역별 인생의 꿈 중 2가지만 선택하여(위 3번에서 연습한 목표 포함) 그 꿈을 이룬 것으로 볼 수 있는 최종-장기-중기-단기목표를 목표체계의 표에 기록해 보라(장기목표는 2개 이상 설정할 수 있으나 연습 편의를 위해 1개만 설정하도록 함). 그리고 단기목표를 달성하기 위한 단기 매년목표도 표에 기록해 보라. 생애목표는 생애주기 단계 과업(<표 5-1>~<표 5-8>)을 보고 참고하여 정하기 바란다.

생활영역 1(　　　영역) 목표체계		
목표구분	목표번호	목표
인생의 꿈		
최종목표		
장기목표	1	
중기목표	1-1	
	1-2	
단기목표	1-1-1	
	1-1-2	
	1-2-1	
	1-2-2	

생활영역 1(　　　영역) 단기 매년목표	
연도	목표

생활영역 2(　　　영역) 목표체계		
목표구분	목표번호	목표
인생의 꿈		
최종목표		
장기목표	1	
중기목표	1-1	
	1-2	
단기목표	1-1-1	
	1-1-2	
	1-2-1	
	1-2-2	

생활영역 2(　　　영역) 단기 매년목표	
연도	목표

6. 3단계: 목표달성을 위한 시간관리 계획 수립과 실천

시간관리란 무엇인가?

생애설계가 아닌 일반적인 계획에 있어서도 일단 목표를 설정하면 그 목표달성 시점까지 주어진 시간을 잘 관리하기 위한 시간관리 계획을 수립하여 실천한다. 시간관리 계획은 계획으로만 끝나는 것이 아니라 실천으로 이어지게 하는 기초 작업이며, 동시에 실천을 위해서도 필요한 절차다. 그러므로 생애설계에 있어 생애목표 달성을 위해서 시간관리 계획수립은 필수적이고 시간관리를 통해 생애설계가 실천으로 이어져야 한다.

시간관리(time management)를 잘 알고 실천하고 있는 사람들도 많다. 시간관리는 목표를 달성하기 위해 주어진 시간을 효율적으로 사용할 수 있도록 효과적인 도구와 기술을 활용하여 실천행동을 관리하는 것을 말한다. 시간관리는 생애설계에서가 아니더라도 일상생활에서 많이 활용되고 있다. 시간관리의 가장 핵심적 내용은 '시간관리 기술을 활용하여 목표달성의 행동을 관리하는 것'이며, 생애설계 2단계에서 설정한 생애목표를 달성하기 위해서는 반드시 필요한 것이다. 따라서 생애목표 달성을 위한 시간관리가 생애설계 절차의 세 번째 단계가 되는 것이다.

시간관리는 자신의 생애목표를 달성하기 위해 시간을 관리하는 것이기 때문에 '좁은 의미의 생애설계'라 할 수 있다. 생애설계 제2단계인 생애목표 설정에서 기한을 정하여 최종-장기-중기-단기 목표를 여러 생활영역별로 설정하였다. 목표설정에서 목표별로 기간(시간)까지 구분했지만 실제로 목표를 달성하는 행동까지 통제하기는 어렵다. 이러한 이유로 실제적인 시간관리 계획수립은 1년 단위의 생활영역별로 설정한 목표를 달성하기 위하여 이루어지고, 그 계획대로 시간을 효율적으로 사용하여 목표달성 행동을 가능하게 하는 것이다.

시간관리 계획은 1년 단위로 이루어지고, 그 1년은 현재 연도(금년) 1년을 말한다. 생애설계 제2단계에서 생애목표를 최종-장기-중기-단기목표로 구분하여 설정하였고, 필요시 별도로 현재부터 단기목표 달성시점까지 단기목표를 세분화하여 단기 매년목표로 설정하였다. 시간관리를 위해 1년간(현재 연도)의 생활영역별 목표를 확인하는 것이 중요하다. 1년목표는 목표체계의 단기목표에서 바로 금년 1년간의 목표를 이끌어 내거나 단기 매년목표에서 1년간의 목표를 확인하면 된다.

1년간의 목표(생활영역별 목표)를 확인한 후 연간목표를 월간목표, 주간목표로 나누어 설정해야 한다(<그림 6-1> 참조). 여기에서 주간목표를 다시 일일 목표로 나누어 설정할 필요는 없다. 왜냐하면 현대의 일상생활은 일주일 단위로 이루어지고, 일일목표는 주간목표에 포함되어 있어 특별한 경우 외에는 일주일 중 어느 날에 해도 상관이 없기 때문이다. 연간목표는 단기목표를 나누어 바로 금년 1년의 목표로 정할 수도 있고, 아니면 현재에서 단기목표 달성기간까지(대체로 5년 이내) 단기 매년목표를 설정한 데서 금년 1년의 목표를 재확인할 수 있다. 그런 의미에서 그림에서 단기 매년목표는 점선 테두리로 표시하였는데 단기 매년목표는 개인적으로 필요하다고 생각하면 설정할 수 있다는 의미이다.

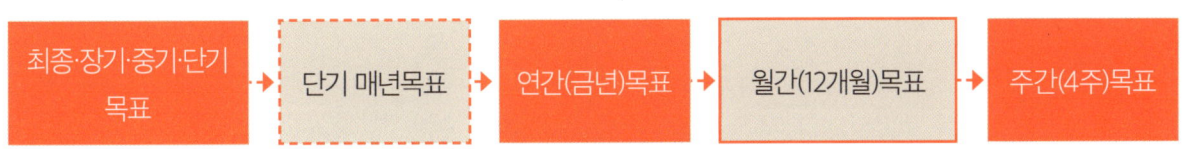

<그림 6-1> 생애목표 체계와 연계된 시간관리를 위한 목표 세분화

시간관리 계획은 시간사용 우선순위 결정원칙을 따라야 한다

시간관리 계획에서 가장 중요한 것은 목표달성을 위한 일(활동)의 우선순위를 정하여 시간을 배정하는 것이다. 시간관리에서 목표달성을 위한 일의 우선순위를 정하여 시간을 배정하는 원칙을 'ABC 원칙' 또는 '아이젠하워 원칙'(미국의 아이젠하워 대통령이 컬럼비아대학 총장 재직 시에 만든 원칙으로 전해짐)이라고 한다.

해야 할 일(활동)은 긴급성과 중요성으로 구분하여 우선순위를 결정하는 것이 합리적이다. 긴급성은 긴급한 것과 긴급하지 않은 것, 중요성은 중요한 것과 중요하지 않은 것으로 구분할 수 있다. 이 긴급성과 중요성 정도로 교차시켜 구분해보면 <그림 6-2>와 같이 4가지 경우가 된다.

	긴급함	긴급하지 않음
	A	**B**
중요함	• 오늘 또는 2-3일 내로 시급하게 해야 할 일 • 빨리 해결해야 마음 편한 일(미룰 수록 스트레스 쌓이는 일) • 기한이 급히 다가오는 과제/공부(시험공부 등) 해결, 회의/발표준비 *여기 해당하는 일은 즉시 처리 해야 함	• 예방에 해당하는 일(건강 유지 등) 생산능력 증진 (역량강화 활동) • 기초실력 쌓는 일(학습/훈련) • 친구/인간관계 맺기 • 적절한 여가/취미활동 *여기 해당하는 일은 목표달성에 필수적임
	C	**D**
중요하지 않음	• 예정에 없던 일, 중요하지 않은 전화나 SNS 보기/회신 등 • 일부 우편물 보고서 등 • 일부 회의나 모임 • 다른 사람의 부탁이나 중요하지 않은 일 돕기 *여기 해당하는 일은 짧게 줄이거나 거절하거나 시간 남으면 할 것	• 무시해도 될 일 • 피하고 싶은 활동 • 관계없는 우편물 확인 • 일부 전화나 SNS보기/회신 • 과도한 인터넷 • 재미 위주의 활동 *여기 해당하는 일은 하지 않아도 문제없음

<그림 6-2> 시간 사용 우선순위 매트릭스

그림에서는 '긴급하고 중요한 일'을 A, '긴급하지 않지만 중요한 일'을 B, '긴급하지만 중요하지 않은 일'을 C, '긴급하지도 중요하지도 않은 일'을 D로 구분할 수 있다. 주어진 시간 내에 해야 할 일의 우선순위는 A->B->C이고, D는 해도 되고 안 해도 되는 것이기 때문에 무시한다. 이 같은 시간사용 우선순위 결정원칙을 ABC원칙이라 한다. 실제로 ABC원칙은 연간(1년)목표와 월간목표를 달성하기 위해 세분화된 주간목표 달성의 주간 시간관리 계획(표)에 적용하는 것이 바람직하다.

시간관리 계획은 1년 단위로 수립/실천한다

목표 달성을 위한 시간관리 계획수립은 1년간의 목표를 월간목표와 주간목표로 나누어 시간관리 계획을 수립하는 것이다. 아래 <그림 6-3>에서 보는 바와 같이 시간관리 계획수립은 최종-장기-중기-단기목표-금년(1년)목표-월간목표-주간목표로 연결된 목표를 달성하기 위해 시간관리 계획표를 만드는 것이다.

<그림 6-3> 1년 단위 시간관리 계획수립

시간관리에서 1년 단위 목표는 생활영역별 단기목표를 달성하기 위한 중간목표로서 1년간의 목표를 설정하며, 8대 생활영역별로 <표 6-1>과 같이 설정한다.

연간목표를 달성하기 위한 1년간의 시간관리 계획표를 한눈에 볼 수 있게 작성하기는 사실상 거의 불가능하다. 시중에 판매되고 있는 다이어리에는 연간 계획표가 들어있지만 실제로는 일자별로 주요사항 1~2가지 정도만 기록할 수 있는 정도여서 시간관리 계획의 개념에 맞는 1년간의 시간관리 계획표의 기능을 할 수가 없다. 그래서 1년 단위 시간관리 계획수립은 결국은 연간목표를 12개월로 나누어 월간목표를 설정한 후 그 월간목표를 달성하기 위한 월간 시간관리 계획표를 만들고, 월간목표를 다시 4주간으로 나눈 주간목표를 설정한 후 그 주간목표를 달성하기 위한 주간 시간관리 계획표를 만드는 것이 되는 것이다.

연간목표(1년 단위 목표)는 단기목표 달성을 위한 중간(수단적) 목표라 할 수 있으며 생활영역별로 연간목표를 <표 6-1>의 양식과 목표 예시처럼 설정한다.

<표 6-1> 연간목표 양식과 예시

생활영역	연간목표
1. 직업·경력	1. 소상공인·중소기업 컨설팅 관련 서적 10권 읽기 2. 소상공인·중소기업 관련 조사 보고서 5편 읽기
2. 학습·자기개발	1. 방통대 상담학과 편입 및 공부방법 상담받기 2. 소상공인 컨설팅에 효과적인 상담학과 과목 조사
3. 건강	1. 건강관리 습관화를 위해 1일 6,000보 걷기 2. 치아관리를 철저 및 상·하반기 2회 스케일링 하기
4. 가족·사회관계	1. 결혼 30주년 기념 5월에 배우자와 3박4일 국내 여행 2. 가족의 생일 달에 가족 전체 외식 및 당일 여행
5. 주거	1. 5월에 노후화된 방충망을 교체 2. 8월 장마철 이후 집안 누수 상태를 점검 및 보수
6. 사회참여·봉사	1. 1월부터 월생활비의 3%를 지역 내 보육원에 기부 2. 지역보육원 봉사단체 가입 및 월 2회 봉사활동 참여
7. 여가·영적활동	1. 4월부터 부부가 함께 취미 배움 시작 2. 주1회 이상 배우자와 종교활동 참여
8. 재무	1. 노후 생활비 계산, 소득산출, 필요 생활비 조달방법 마련 2. 재무설계 및 자산관리 전문가 3명과 상담하여 노후 자산관리 방법 협의 후 실행

월간 시간관리 계획표(<표 6-2>양식)에는 연간목표를 12개월로 나눈(매월로 나누거나 몇 개월로 나누거나 아니면 특정 달에 집중할 수 있음) 월간목표를 월간목표 란(칸)에 기록하고, 월간목표를 다시 4주간으로 나눈 주간목표를 설정한 후(4주간의 목표는 4주간 각각의 주간 시간관리 계획표의 목표란에 기록함) 4주간의 목표를 달성하기 위한 요일별/일자별로 목표달성 행동을 간략히 기록한다.

<표 6-2> 월간 시간관리 계획표 양식과 예시

(5월)목표	MON	TUE	WED	THU	FRI	SAT	SUN
• 최근 5년 이내 출판된 소상공인/기업 컨설팅 관련 서적 조사 및 목록 작성 • 최근 5년 이내 발간된 공공 기관의 중소기업 관련 조사 보고서 목록 작성 • 매일 6,000보 걷기 5개월 차 실행/치아 스케일링 하기 • 결혼 30주년 기념 3박4일 배우자와 여행 • 방충망 교체하기 • 지역 보육원에 월 생활비 3% 기부/월 2회 자원봉사 • 배우자와 취미활동 배우기 • 주 1회 이상 배우자와 종교 활동 참여 • 재무설계사와 함께 자산관리 실행방안 마련하기	1	2 • 소상공인 컨설팅 서적 조사	3 • 종교활동 • 취미활동 배우기	4 • 소상공인 컨설팅 서적 조사	5 • 소상공인 컨설팅 서적 조사/리스트작성	6 • 지역 보육원 자원봉사	7 • 종교활동
	8 • 치과예약 (스케일링) • 소상공인 컨설팅 서적 조사	9 • 소상공인 컨설팅 서적 조사	10 • 방충망 교체공사 견적/확정 • 종교활동 • 부부 취미 배우기	11 • 재무설계사와 상담	12 • 소상공인 컨설팅 서적 조사	13 • 결혼기념 여행	14 • 결혼기념 여행
	15 • 결혼기념 여행	16 • 결혼기념 여행	17 • 종교활동 • 취미활동 배우기	18 • 재무설계사와 상담	19 • 치과 스케일링	20 • 방충망 교체공사	21 • 종교활동
	22 • 소상공인/중소기업 조사보고서 목록 작성	23 • 소상공인/중소기업 조사보고서 목록 작성	24 • 종교활동 • 취미활동 배우기	25 • 재무설계사와 상담	26 • 지역 보육원 기부(월 생활비 3% 송금)	27 • 지역 보육원 자원봉사	28 • 종교활동
	29 • 소상공인/중소기업 조사보고서 목록 작성	30 • 소상공인/중소기업 조사보고서 목록 작성	31 • 종교활동 • 취미활동 배우기				

*월간 시간관리 계획표는 다이어리 등에서 2페이지로 나누어져 있는 경우도 있음

월간 시간관리 계획표의 각 일자란(칸)은 많은 사항을 기록하기에 충분하지 못하므로 월 목표달성과 관계되는 주요목표 달성 사항과 그외 특별 행사나 중요 약속 등 몇 가지를 간략히 기록한다. 사실상 월간 시간관리 계획표로는 한 달의 매일 매일 시간을 관리하기는 어렵다. 그래서 실제적 매일 매일의 시간관리는 결국 주간 시간관리 계획표를 통해 이루어진다고 할 수 있다.

월간 시간관리 계획표의 각 일자 칸에 기록할 가장 중요한 사항은 월 목표를 4주간 각각 목표로 나누어 각 주간의 어느 날에 목표달성 행동(활동)을 할 것인가를 표시하는 것이다. 12개월 각각의 월간목표 설정은 실제로 연간목표와 같이 새해 시작 전 해의 12월에, 월간의 일자별 시간관리 계획은 새달 시작 전주에 월간목표를 4주간으로 나누어 설정한 후 각각의 주간목표에 따른 일자별 목표달성 행동을 기록한다.

주간 시간관리 계획표(<표 6-3> 양식)에는 월간목표를 4주간 각각의 목표로 나눈 주간목표를 주간목표란(칸)에 기록하고, 1주일 각 일자란에는 주간목표 달성 행동계획과 시간관리 계획을 기록하고 그 실행 여부까지 체크(V)한다. 이같이 1년 단위의 시간관리는 실질적으로는 주간 시간관리를 통해 이루어진다고 할 수 있다. 1주일간의 목표달성 행동은 특정한 활동을 제외하고는 7일 중 어느 일자에 해도 상관이 없다. 주간 시간관리는 일주일 매일의 시간관리이기 때문에 일일 시간관리 계획을 별도로 마련할 필요는 없다. 주간목표는 새달이 시작되기 전 주간에 월간목표를 4주간 각각의 목표로 나누어 설정한다. 그리고 1주간 7일의 목표달성 활동(행동)과 시간사용 계획표는 새 주간이 시작 전주(1-2일 전)에 작성한다.

<표 6-3> 주간 시간관리 계획표 양식과 예시

주간목표 (5월 2주차)	· 소상공인 컨설팅 서적 조사 · 치과 스케일링 예약 · 자산관리 실행 계획안 마련 상담	· 방충망 교체 견적 및 작업일 확정 · 30주년 결혼기념 여행		

일자 요일	V	ABC	시간	활동
8 MON		A B	09:00~09:30 13:00~14:00	서울치과 스케일링 예약 소상공인 컨설팅 서적 조사
9 TUE		B	09:00~12:00	소상공인 컨설팅 서적 조사
10 WED		A B B	09:00~11:30 14:00~16:30 17:00~18:00	방충망 교체공사 견적 및 작업일 확정 종교 활동 참여 부부 취미 배우기
11 THU		B	15:00~17:00	재무설계사와 상담
12 FRI		B	09:00~12:00	소상공인 컨설팅 서적 조사
13 SAT		A	07:00~21:00	30주년 결혼기념 여행(조촐한 축하파티)
14 SUN		A	07:00~21:00	30주년 결혼기념 여행(특별 이벤트 준비)

*주간 시간관리계획표는 다이어리 등에서 2페이지로 나누어져(요일별로 구분) 있는 경우도 있음

주간 시간 관리 계획표에는 매일 반복되는 일이나 활동은 일자별로 기록할 필요가 없다. 주별로 반복되는 일은 습관화되어 있거나 잘 기억하고 있기 때문에 시간관리 계획표의 좁은 공간에 굳이 기록할 필요는 없다. 처음 시간관리 자체를 습관화하기 위한 방법으로 필요하면 표준 주간 시간관리 계획표를 만들거나, 월별로 반복되는 일도 표준 월간 시간관리 계획표를 만들어 사용하면 된다.

시간관리 도구

시간관리의 특징은 도구를 사용해서 하는 것이다. 효율적인 시간관리를 위해서는 적합한 시간관리 도구를 사용할 필요가 있다. 생애설계 시간관리를 일부라도 적용할 수 있는 도구에는 크게 5가지가 있다.

첫째는 전통적으로 사용해 온 포켓용 수첩이나 다이어리이다. 포켓용으로 생애설계와 시간관리 계획을 수립하기에는 한계가 크다. 월간 및 주간 목표를 적을 수 있는 공간이 아예 없다. 간단한 시간약속이나 주요사항 한두 가지 정도 기록할 수 있는 정도다.

둘째는 일반 책상용 다이어리(업무용 다이어리 포함), 프랭클린 다이어리 등이다. 일반 책상용 다이어리는 시간관리의 양식이 달라 사용하기에 상당히 불편하다. 프랭클린 다이어리는 원래 시간관리용로 개발되었으나 생애설계 시간관리용으로는 부족한 점이 많아 양식 일부를 수정하여 사용할 수 있다.

셋째는 일정관리용 휴대폰 어플리케이션(application)이 있다. 간단한 시간약속 정도를 기록할 수 있어 편리하지만 많은 사항을 기록하기 어렵고, 시간관리용으로 개발된 것이 아니기 때문에 시간관리 도구로서 한계가 크다.

넷째는 생애설계용 시간관리 앱 'Attale Pro'가 있다. 이는 생애설계와 시간관리를 위해 한국라이프플래닝연구소에서 개발 중인 앱이며, 개인용 컴퓨터(PC)에서도 내려받아 사용 할 수 있다. 이 앱은 생애설계의 3단계 절차인 "인생의 꿈 확립-생애목표 설정-생애목표 달성을 위한 시간관리계획과 실천"까지 가능하다. IT시대에 있어 앱을 사용하여 쉽고 편리하게 생애설계와 시간관리를 할 수 있고, 휴대하면서 항상 자신의 생애설계와 실천 현황을 살펴볼 수 있다.

다섯째는 한국생애설계협회에서 발간한 My Life Planning Diary(나의 생애설계 다이어리)이다. 이 다이어리는 연도가 정해져 있지 않아 매년 같은 양식의 것을 사용할 수 있으며, 모든 생애설계의 양식이 워크북에 있는 것과 같으므로 생애설계 다이어리로서는 사용하기에 가장 적합한 것이라 할 수 있다. 다만 월간 및 주간시간 관리 계획표의 일자(요일)는 사용자가 적어 넣게 되어 있다.

시간관리는 생애설계 실천에도 효과가 크다

주간 시간관리 계획표 <표 6-3>은 주간목표를 달성하기 위해 계획된 활동을 했는지 못 했는지 여부(실행한 경우 V 표시)를 체크하고, 그 결과를 재검토하여 다시 계획할 수 있도록 하고 있다. 이 실행여부 체크 기능은 생애설계를 실천에 크게 도움이 될 수 있으며, 생애설계용 시간관리 애플리케이션인 Attale Pro와 My Life Planning Diary에도 반영되어 있다.

시간관리는 훈련을 통해서 습관화되어야 한다

생애설계 제3단계인 시간관리 계획수립은 일반적인 시간관리 원칙과 기술을 동일하게 적용하고 있다. 시간관리는 목표를 달성하기 위한 기술이지만, 연습과 훈련을 통해서 목표설정 이후 시간관리 계획수립과 그 계획이 실천으로 이어져야 한다. 효율적인 시간관리를 위해서는 적어도 2~3개월 길게는 6개월 정도의 훈련을 통해 시간관리 습관을 만들어야 한다. 따라서 생애설계 제3단계 절차로서 시간관리 계획을 수립하고 성공적으로 실천하려면 반드시 시간관리를 습관화해야 할 것이다.

자신의 인생에서 생애설계 1단계인 인생의 꿈을 설정하고 2단계인 생애목표를 설정하며, 제3단계인 생애목표 달성을 위한 시간관리 계획수립과 실천까지 해낸다면 남은 인생 후반기 또는 노후의 인생은 더욱 보람되고 가치가 높아질 것이다. 그중에서도 실제 현실에서 자신의 생활을 변화시킬 수 있는 시간관리는 매우 중요하다고 할 것이다.

인생의 꿈-생애목표 설정-시간관리 계획 수립과 실천 연계 예시

생애설계가 완료가 된 이후, 실제 생활에서 생애설계의 제1단계인 인생의 꿈, 제2단계인 생애목표 설정, 제3단계인 시간관리 계획수립과 실천이 어떻게 연계되는지를 그림으로 나타내면 <그림 6-4>와 같다.

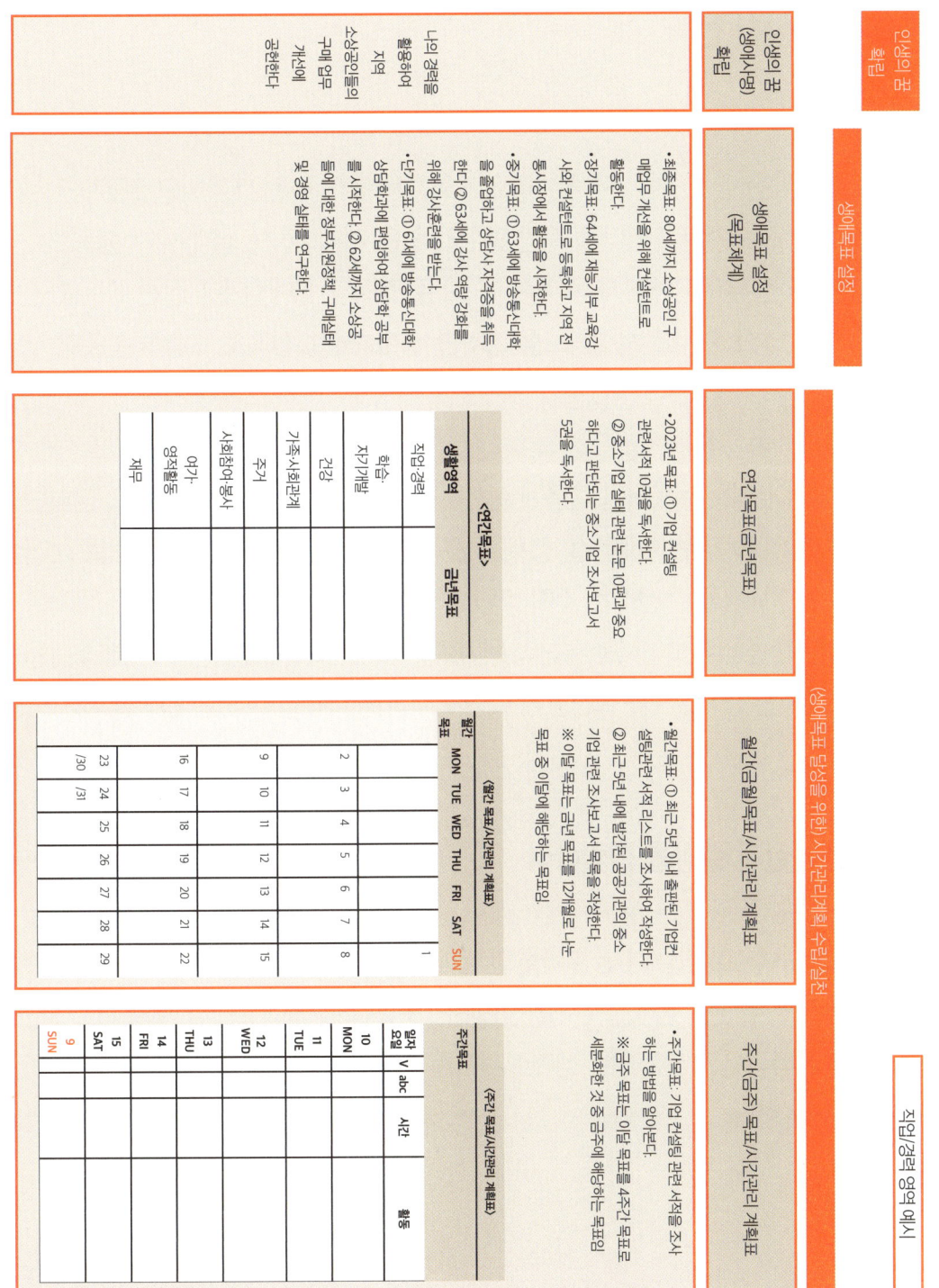

<그림 6-4> 인생의 꿈 확립-생애목표 설정-시간관리 계획수립과 실천 연계

이 그림에서 제시된 예시는 앞에서 제시한 60세 남성의 경우이다. 이 그림을 보면 생애설계의 3단계가 논리적으로는 물론 실제적으로도 상호 연계되어 있다는 것을 확인할 수 있다. 즉 자신의 실제 매주와 매일의 생활은 <인생의 꿈-생애목표-생애목표 달성을 위한 시간관리 계획 수립과 실천>과 연계되는 실천의 생활이라는 것이다.

생애설계의 실천 전략

생애설계 절차인 1단계, 2단계, 3단계는 주로 계획하는 것이 주된 내용이며, 3단계인 시간관리 계획수립에는 실천도 포함하고 있다. 하지만 아무리 좋은 계획이라도 실제 실천 행동으로 연결되지 못한다면 그 계획은 무의미하고 무용지물이 되고 말 것이다. 생애설계의 실천에는 왕도가 없다. 강한 의지력과 인내심을 가지고 시행착오를 거치면서 계속 실천하려고 노력하는 것이 무엇보다 중요하다.

생애설계는 미래에 대한 계획이기 때문에 실천하면서 시행착오가 생길 수 있고, 상황변화가 생기면 그 계획을 불가피하게 변경해야 할 경우도 있다. 따라서 6개월이나 1년 단위로 생애설계를 평가하고 필요시 그 내용을 수정하는 것이 바람직하다. 시간을 많이 들여 작성한 생애설계서는 자신의 삶에 대한 진솔한 계획이지만 실천이 뒤따르지 않으면 자신의 현재와 미래의 삶을 변화시키지 못한다. 여기서는 생애설계를 실천함에 있어 어려움을 극복할 수 있는 전략을 제시하고자 한다.

1. 자신의 생애설계 결과를 신뢰하라

자신이 정성과 노력으로 만들어 낸 결과물인 생애설계서는 자신의 삶에 대한 진솔한 계획이라 할 수 있다. 만약 스스로 만든 생애설계서를 신뢰하지 못한다면 생애설계서 계획대로 실천하기는 어렵게 될 것이다. 따라서 자신이 만든 생애설계서를 확고하게 신뢰하고 계획대로 실천할 수 있다는 자신감을 가져야 한다.

2. 생애설계 일부 영역에서라도 먼저 실천하라

전체 생활영역에 대한 생애설계를 동시에 실천하는 것이 부담된다면 우선순위를 정하여 그중 몇 가지 영역을 먼저 실천하고, 남은 영역의 생애설계로 점차 확대하여 실천하는 것이 바람직하다.

한 가지 영역의 목표부터 시작하여 점차 여러 영역의 목표로 확대하고 있는 50대 중반의 J씨의 사례를 소개한다. 현재 퇴직이 3년 정도 남은 J씨는 자신의 생애설계 결과에 대한 실행을 순차적으로 진행중에 있다. J씨는 가장 먼저 퇴직 이후 직업/경력 활동에 필요한 영향력 확보를 위해 2022년 7월부터 시작한 SNS 블로거 활동이 170여 일에 이르렀고, 매일 1~2개의 콘텐츠를 만들고 공유하여 팔로워 수가 5,000명이 넘어섰으며, J씨의 평상시 습관으로 만들어진 상태이다. J씨의 두 번째 생애설계 실행은 학습/자기개발영역으로 영어회화 학습하기인데, 이 목표는 SNS 블로그 활동이 50일이 넘어서면서부터 시작하였다. 시작은 하루 1시간 영어회화 듣기였지만 100일이 넘은 지금은 하루 2시간 이상의 학습 시간으로 발전하였다. J씨의 세 번째 도전의 생애설계 실행 영역은 아침운동 실행이었으며, 매일 아침 10분의 맨손체조로 시작된 아침운동이 67일에 이른 지금은 운동시간도 40분까지 확대되었다. 네 번째 영역은 가족/사화관계 영역인데, 군 복무를 마친 자녀의 목표인 학교 복학 전 군 복무로 인한 학업 공백을 채우기 위한 학습 습관 만들기에 대한 코치역할을 34일째 진행하고 있다. J씨의 최근 실행영역은 건강영역의 금연으로 14일 차에 이르고 있다. 가장 최근에 시작한 J씨의 실행영역은 학습/자기개발로 실행목표는 새벽 5시 기상과 독서이며, 현재 3일차 진행 중에 있다. 이를 표로 정리해 보면 <표 6-4>와 같다.

<그림 6-4> 일부 영역에서부터 시작한 50대 중반의 J씨의 생애설계 예시

목표 영역	목표	실행 시작일	진행 상태	변화
직업·경력	파워 블로거 되기	2022.07.25	172일 차	블로그 팔로워 5,000명 달성 & 습관화 완성
학습·자기개발	능숙한 영어회화	2022.09.27	106일 차	1일 1시간 학습에서 시작하여 현재 1일 2시간으로 확대 및 공부 습관화 완성
건강	아침운동	2022.11.10	67일 차	1일 10분 운동에서 시작하여 현재 1일 40분까지로 확대됨
가족·사회관계	자녀 습관 코칭	2022.12.09	34일 차	군 전역 자녀의 시간관리 계획표, 습관 만들기는 성공적으로 진행 중임
건강	금연	2022.12.31	14일 차	습관화 진행 중
여가·영적활동	새벽 5시 기상 및 독서	2023.01.10	3일 차	습관화 진행 중

J씨와 같이 순차적으로 생애설계를 시작하여 자신의 환경이나 성향에 맞게 시간관리 계획의 실천을 확장시켜 나가는 방법 또한 생애설계를 쉽게 이해하고 그 효과를 직접 체득할 수 있는 좋은 방법이라 할 수 있다.

따라서, 50+세대 누구라도 생각할 수 있는 여러 영역의 목표인 해외여행, 외국어공부, 건강관리, 가족관계 활동, 봉사활동, 종교 활동 등 실제 생활에서 즉시 시도해볼 수 있는 어렵지 않은 목표라면 주저하거나 미루지 말고, 바로 실행으로 옮길 수 있어야 한다. 자신에게 새롭게 목표가 생겼다면, J씨처럼 그 목표 달성을 위한 실행을 빠르게 추진하는 것이 필요하다.

3. 먼저 시간관리 습관을 만들고 생애설계를 실천하라

시간관리가 습관화되어 있지 않으면 생애설계를 제대로 실천하기 어렵다. 우리가 습관화되지 않은 어떤 행동을 새롭게 시작해야 할 경우에 자신이 끝까지 잘 해낼 수 있을지에 대한 불안감이나 실패에 대한 두려움으로 인해 실천을 주저하게 된다. 따라서 생애설계의 실천을 위해서도 가능하면 연습과 훈련을 통해 시간관리를 습관화한 후에 본격적으로 실행할 필요가 있다. 시간관리 습관화를 위한 연습과 훈련 기간에는 생애설계의 여러 영역 중 한 영역이나 여러 영역에서 한두 가지 목표를 선택하여 시험적으로 목표달성을 위한 실천행동을 해보는 것도 좋다.

시간관리 계획을 아무리 잘했다 하더라도 일반인들에게는 지속적인 실천이 어렵다는 것이고, 그 실천이 어렵다는 것은 지속적으로 실행을 할 수 있는 습관이 없기 때문이다. 특히, 새로운 행동이나 새로운 활동이 자연스럽게 이루어지는 새로운 습관을 자신의 것으로 만드는 것이 어렵기 때문이다.

생애설계의 실천에 필요한 시간관리의 습관화, 즉 새로운 습관을 효과적으로 만들어 낼 수 있는 방법을 소개하면 아래와 같다.

1) 작심불과삼일의 극복: 자신이 마음먹고 계획한 일들을 실행함에 있어 얼마 못가서 흐지부지되는 행태를 이르는 말로, 의학적으로 작심삼일의 현상은 힘든 일을 시작할 때 세라토닌이 분비되어 스트레스를 줄여주는데, 세라토닌 분비는 72시간 정도만 지속되어 72시간이 지나면 세로토닌 작용이 끝나 새롭게 시작하는 힘든 목표가 더욱 힘들게 느껴지고 포기하고 싶어지게 된다고 한다. 본인의 성향과 특성이 계획했던 일들이 자꾸 작심삼일로 끝나는 사람이라면, 매일 지속적으로 실

행하는 계획보다는 한 번씩 쉬는 시간을 중간에 넣어 계획하는 것이 효과적이다.

2) 서양의 '21일의 법칙'과 한국의 '삼칠일(3X7=21일)의 법칙': '21일의 법칙'은 미국의 의사 존 맥스웰과 영국 런던대 필리파 랠리 교수팀에 의해 널리 알려졌다. 맥스웰은 그의 '성공의 법칙'이라는 저서에서 사람의 생각이 의심·고정관념을 담당하는 대뇌피질과 두려움·불안을 담당하는 대뇌변연계를 거쳐 습관을 관장하는 뇌간까지 가는데 걸리는 최소한의 시간이 21일이라고 하였다. 또한 필리파 랠리 교수팀은 사람의 뇌는 충분히 반복돼 시냅스가 형성되지 않은 것에는 저항을 일으키며, 그 행동을 입력해 놓을 기억세포가 만들어질 때까지, 즉 새로운 행동이 습관화되는 데는 최소 21일이 걸린다고 하였다. 한국의 경우에는 어떠할까? 한국에서 삼칠일에 관한 가장 오래된 기록은 『삼국유사』의 단군신화에서 찾아볼 수 있다. 단군신화에서 삼칠일은, 곰과 호랑이가 인간이 되기 위한 조건인 최소한의 기간으로 설정되어 있다. 또한, 출산 후 삼칠일 동안은 금줄을 쳐서 액운을 막는 중요한 기간이었고, 개인이나 가정에 있어 중요한 일을 순조롭게 이루기 위해 하는 기도에 있어서도 사용되는 기간이다. 한마디로 하루도 빼지 않고 21일간 정성을 다해 무엇인가를 이루기 위해 최선을 다해야 하는 기간으로 여겨져 왔다.

3) 66일의 법칙: 21일의 법칙이 새로운 행동이나 활동이 새롭게 습관으로 만들어 지는 기간이라면, 66일의 법칙은 새롭게 만들어진 완전히 체질화되기까지 필요한 시간이다. 이에 대한 학문적 발표는 2009년 '유럽 사회심리학 저널'에 게재되어있다. 이렇듯 '습관 만들기'에 대한 21일의 법칙과 66일의 법칙은 지금까지 많은 심리학 치료에 적용되어지고 있으며, 시간관리 방법에 있어서 널리 알려진 내용이다.

4) 100일의 법칙: 우리나라에서 100일의 법칙은 매우 친숙한데 '단군신화의 100일', '100일 기도', '100일 잔치', "100일 만남" 등이 있다. 이는 '삼칠일'이 좀 더 가볍게 '기도'나 '출산', '신화' 등에서 사용된 기간이었다면, 좀 더 중요하고, 간절한 것들에 대해서는 아주 오래전부터 100일이란 기간을 사용해 왔음을 알 수 있다. 21일이나 100일이라는 기간이 갖는 의미는 '어떤 목표를 설정하고, 그 목표를 이루기 위해 노력하는 과정에서 가장 효율적인 방법'이라고 할 수 있다.

4. 자신의 미래를 걱정하지 말라

누구나 미래사회에 대한 불안감과 불확실성을 가지고 있다. 계획을 세우는 가장 큰 목적은 미래에 대한 불안감과 불확실성을 줄이기 위함이다. 본인의 미래를 대비하기 위해 자신이 만든 계획까지도 불안감과 의심으로 실천을 주저하는 것은 자기모순에 빠지는 것이다. 그러므로 생애설계는 자신의 미래를 준비하는데 최선의 방법이라 확신하고 과감하게 실천에 들어가야 한다.

5. 실패의 두려움에서 벗어나라

생애설계 실천에 있어 시간관리는 1년간의 목표와 목표달성 실행계획의 실천과정이다. 따라서 중도에 실패했다 해도 그것은 1년간의 실패일 뿐 생애설계 전체에 대한 실패는 아니다. 또한 실천과정에 대한 평가는 시간관리를 통해 이루어짐으로 모든 계획에 대한 실패는 거의 없으며, 1년의 기간 전체의 실패도 아닌 것이다. 우리는 시행착오를 통해 값진 교훈을 얻을 수 있으므로 완전히 의미 없는 것은 아니다. 그러므로 실패의 두려움을 버리고 과감하게 실천에 들어가야 한다.

6. 자신의 의지력을 강화하라

생애설계 실천에 있어 가장 큰 장애요인은 의지력 부족이라 할 수 있다. 회사업무나 개인사업을 할 때와는 달리 일상생활에서 계획은 의지력 부족으로 실천에 실패하는 경우가 허다하다. 대부분 그 계획 실행의 실패는 한두 번 해보거나, 중간에 실행을 몇 번 못하거나, 생각보다 잘 안되거나, 자존심이 상하거나, 시간이 오래 걸리거나, 계속 노력해야 하는 등의 이런저런 이유를 핑계로 중단하게 된다. 이렇게 자신의 의지력 부족으로 실천하지 못한 계획은 부지기수로 많다. 동기는 의지력을 강화시킨다. 자신이 목표를 달성했을 때의 기쁨, 자랑, 성취감을 상상하면 그것이 동기가 되어 실천 의지가 강화될 수 있다.

7. 인내심·도전정신을 함양하라

생애설계에서 생활영역별 최종목표-장기목표-중기목표-단기목표 중 어느 목표든지 아무런 노력 없이 짧은 시간 내에 쉽게 달성할 수 있는 목표는 없다. 생애설계의 실천과정에서 여러 어려움 때문에 용기를 잃거나 좌절하고 포기하는 경우도 있다. 최선을 다해 만든 생애설계의 실천을 쉽게 포기하는 것은 생애설계자인 자신과의 약속을 어기는 것이고, 자신과의 싸움에서 지는 것이므로 자존심 상하는 일이 아닐 수 없다. 자신과의 약속을 지키고 자신과 싸움에서 이겨야 한다는 인내심과 도전정신을 가지는 것이 무엇보다 중요하다.

8. 가족과 주위 사람들의 도움을 활용하라

자신의 생애목표를 달성하기 위해서는 가족, 친구, 활동조직이나 사업상 동료들의 도움이 필요한 경우에 그들의 도움을 적극적으로 활용해야 한다. 특히 나쁜 습관이나 태도를 개선하거나 바라는 행동을 배우고 익히려는 경우 감시자가 되어 자신이 제대로 하지 않으면 지적해 주도록 부탁할 수도 있다. 예를 들면 금연하고자 하는 경우 담배를 피우는 것을 보고 지적하면 벌금을 내도록 약속하여 자신의 금연 행동을 통제하고 강화시킬 수도 있다. 또한 새로운 행동이나 태도를 발전시키려는 경우에도 자신의 지지자가 되어달라고 부탁할 수 있다. 아울러, 학교 친구, 직장동료나 사회활동 동료 중 생애설계를 완료하여 실천하고 있는 경우에는 정기적 의견 교환, 평가, 격려, 계획실천의 감시자 역할이 가능하다. 이뿐만 아니라 실천과정에서 가족이나 주위 사람들로부터 위로도 받고 용기도 얻을 수 있으므로 생애설계의 실천에 효과적이다.

9. 목표달성 정도의 만족감을 조정하라

목표달성에 있어 단기간의 목표를 너무 높이 설정하는 경우 그 실행 기간 중에 목표 횟수를 채우지 못하게 되면 목표 실행 자체를 포기하는 경우가 발생한다. 예를 들면 새해부터 주 5일 아침 5시에 일어나 한 시간 동안 운동하는 것이 목표인 경우, 처음 하루나 이틀은 잘할 수 있다. 하지만 중간에 운동하지 못하는 날이 발생하여 일주일에 2번밖에 운동을 제대로 하게 되는 경우, 일부 사람들은 그 목표 실천 자체를 포기해 버리기도 한다. 이런 목표라면 처음부터 목표를 주 5일 운동으로 정하는 것보다는 운동하는 횟수를 점차 늘여가는 것이 바람직하다. 즉, 첫 주는 2일, 둘째 주는 3일, 셋째 주는 4일, 넷째 주는 5일로 계획하여 목표 일수를 점차 늘여가는 식으로 전략을 세우는 것이 효과적이다. 그리고 중간에 한두 번 빠지게 되면 쉽게 포기하는 경우가 많은데 몇 번 빠져도 포기하지 않고 계속하게 되면 결국 목표를 효과적으로 달성할 수 있다.

10. 인생의 꿈과 목표를 자주 확인하면서 자기최면을 강하라

우리는 일상생활에서 중요한 원칙이나 구호들이 사람들에게 잘 보이는 곳에 붙여져 있는 것을 마주치게 된다. 예를 들면 공공단체와 민간단체에서는 '미션-비전-목표'나 '비전-임무-목표'의 도표나 주요 목표·정책 등을 액자나 홈페이지를 통해서 보여주고 있다. 대부분 사람들이 무심코 지나치지만, 실제로는 계속해서 그것들을 마주하다 보면 자기최면에 걸려 그 원칙이나 구호를 생각하게 되고, 그렇게 해야 된다는 무언의 압박을 받게 되며, 그렇게 하려는 의지도 생기게 된다. 생애설계 절차가 포함된 생애설계 다이어리나, 특히 생애설계 어플리케에션 'Attale Pro'를 활용하여 자신의 계획을 계속 확인한다면 자기최면의 효과가 있어 큰 도움이 될 수도 있다. 대부분 사람이 무심코 지나치지만, 실제로는 계속해서 그것들을 마주하다 보면 자기최면에 걸려 그 원칙이나 구호를 생각하게 되고, 그렇게 해야 한다는 무언의 압박을 받게 되며, 그렇게 하려는 의지도 생기게 된다. 생애설계 절차가 포함된 생애설계 다이어리나, 특히 생애설계 어플리케에션 'Attale Pro'를 활용하여 자신의 계획을 계속 확인한다면 자기최면의 효과가 있어 큰 도움이 될 수도 있다.

요약

1. 시간관리의 의미
- 일반적 계획수립에서 목표를 설정하면 그 목표를 달성하기 위하여 주어진 시간을 잘 관리할 수 있는 계획을 세우는 것처럼 생애목표 달성을 위해서도 자신의 삶에 주어진 시간을 관리할 계획을 세우는 것은 당연하다.
- 시간관리는 목표를 달성하기 위해 주어진 시간을 효율적/효과적으로 잘 사용할 수 있는 도구와 기술을 활용하여 행동을 관리하는 것이다.
- 시간관리는 생애목표를 달성하기 위해 주어진 생애시간을 관리하는 것이기 때문에 좁은 의미의 생애설계라 할 수도 있다.
- 생애설계 절차로서 시간관리 계획수립은 생애에 주어진 시간 전체에 대한 관리이지만(최종-장기-중기-단기목표[목표체계]를 설정한 것은 시간관리의 의미도 있음), 실제로는 1년 단위로 이루어진다.
- 시간관리는 목표체계와 연계된 1년간 연간목표를 월간목표와 주간목표로 나누어(그림) 그 목표를 달성하기 위해 월간 및 주간의 시간을 관리하는 것이다.

2. 시간관리는 시간사용 우선순위 결정 원칙(ABC원칙)을 따라야 한다
- 일상생활에서 해야 할 일을 중요성(중요함/중요하지 않음)과 긴급성(긴급함/긴급하지 않음)으로 나누어 구분하면, 중요하고 긴급한 일(A), 중요하지만 긴급하지 않은 일(B), 중요하지 않지만 긴급한 것(C), 중요하지도 긴급하지도 않은 일(D)로 구분될 수 있다.
- 시간사용 우선순위 원칙: A->B->C (ABC 원칙이라고 함). D는 시간이 남으면 하고, 하지 않아도 문제가 되지 않으므로 무시해도 된다.
- 생애목표를 달성하기 위한 행동(일)에 주어진 시간을 ABC 원칙에 따라 사용하는 것이 바람직함

3. 시간관리 계획은 1년 단위로 수립한다
- 1년 단위 시간관리 계획수립은 아래 그림과 같이 최종-장기-중기-단기목표에서 일단 단기목표를 달

성하기 위한 1년(금년) 목표를 월간목표와 주간목표로 나누어 목표달성을 위한 시간관리 계획을 세우는 것이다.
- 1년 단위 시간관리를 위한 목표설정과 시간관리 계획수립 시기

목표체계	<연간(금년)목표>		<월간 시간관리 계획표>								<주간 시간관리 계획표>									
	생활영역	목표	월간목표	MON	TUE	WED	THU	FRI	SAT	SUN	주간목표 : :					일자요일	V	ABC	시간	활동
최종 ㅣ 장기 ㅣ 중기 ㅣ 단기 목표	직업·경력										일자요일	V	ABC	시간	활동	THU				
	학습·자기개발																			
	건강										MON					FRI				
	가족·사회관계																			
	주거										TUE					SAT				
	사회참여·봉사																			
	여가·영적활동										WED					SUN				
	재무																			

1) 연간목표: 현재에서 단기목표 달성시점까지의 매년 연도별 중간목표를 생각하여 1년간의 생활영역별 목표를 새해 시작 전 연도 12월에 설정한다.
2) 월간목표/시간관리 계획: 생활영역별 연간목표를 12개월로 나누어(매월, 몇 개월간, 또는 특정 월) 설정하되(월간 시간관리 계획표에 기록) 새해 시작 전 연도 12월에 설정한다. 매월의 일자란(칸)에는 월간목표를 4주간으로 나누어(4주간 각각의 목표는 주간 시간관리 계획표의 목표란에 기록함) 주간목표와 연계하여 목표달성 사항을 간략히 기록한다. 월간 시간관리 계획표는 새달 시작 전 주에 작성한다.
3) 주간목표/시간관리 계획: 주간목표는 월간목표를 4주간으로 나누어 설정한 것으로 새달 시작 전 주에 설정한다. 각 주 7일간의 일자란(칸)에는 목표달성 활동(행동)사항과 시간사용 계획 및 활동 실행 여부를 기록하며, 주간 시간관리 계획표 작성은 새 주 시작 1~2일 전에 한다.

5. 시간관리 도구

- 시간관리 도구로 휴대용 수첩, 대부분의 책상용 다이어리(프랭클린 다이어리는 시간관리에 적합)와 일반 휴대전화 애플리케이션은 시간관리에 부족한 점이 많으며, 생애설계용 휴대전화 애플리케이션("Attale Pro")은 시간관리에 가장 적합하다.
- 시간관리 계획은 목표달성 행동 실천 여부를 체크하게 되어 있어 생애설계 실천의 기능을 일부하고 있다.
- 시간관리는 연습과 훈련을 통해서 습관화하여야 잘 해낼 수 있다.

6. 생애설계의 실천
- 생애설계 실천에는 강한 의지력과 인내심으로 시행착오를 거치면서 계속 실천 하는 것이 무엇보다 중요하다.
- 본문의 생애설계 실천 전략을 활용하면 보다 효과적으로 실천할 수 있다.

<시간관리 계획 수립/실천 연습>

1. 앞의 <생애목표 설정 연습>의 4번에서 선택한 2개 생활영역의 단기 매년목표에서 금년 1년 목표를 확인하고 확정하여 기록한 후 1년 목표를 12개월로 나누어 달성하기 위한 월간목표도 같이 표에 기록해 보라. 현재가 1월이 아니더라고 1월부터 12월까지 월별목표를 기록해 보라(실제로는 월간목표는 새해 시작 전 해의 12월에 설정하며 각 월간 시간관리 계획표의 월간목표란에 기록함).

생활영역 1(영역) 월간목표	
월	목표
1년목표	
1월	
2월	
3월	
4월	
5월	
6월	
7월	
8월	
9월	
10월	
11월	
12월	

생활영역 2(영역) 월간목표	
월	목표
1년목표	
1월	
2월	
3월	
4월	
5월	
6월	
7월	
8월	
9월	
10월	
11월	
12월	

2. 시간관리 계획을 수립하기 위해 1년간의 목표와 1년 목표를 12개월로 나눈 월간목표(연간목표와 월간목표는 실제로는 새해 시작 전연도 12월에 설정함)를 다시 4주간의 주간목표로 나누어 설정해야 한다(실제로 한달의 4주간 목표는 새달 시작 전 주간에 설정함). 그러면 위 1번 연습문제의 2개 생활영역에서 설정한 월간목표를 4주간으로 나눈 주간목표를 아래 표에 적어보라.

주간 구분	주간 목표
제1주	<ul><li></li><li></li><li></li><li></li><li></li></ul>
제2주	<ul><li></li><li></li><li></li><li></li><li></li></ul>
제3주	<ul><li></li><li></li><li></li><li></li><li></li></ul>
제4주	<ul><li></li><li></li><li></li><li></li><li></li></ul>
제5주(5주인 경우)	<ul><li></li><li></li><li></li><li></li><li></li></ul>

*연습을 위해 주간목표는 생활영역별로 3개 이하로 설정하기 바람.

3. 앞의 생활영역 1과 2의 월간목표 중 어느 한 달의 월간목표 달성을 위한 월간 시간관리 계획표를 만들어 보라. 어느 한 달은 이번 달이라 생각하여 시간관리 계획표를 만들어 보라(실제로 월간 시간관리 계획표는 새달 시작 전 주에 만드는 것이 바람직함. 그리고 월간목표는 이미 새해 시작 전 해 12월에 설정된 것임)

_____년 (   )월 월간 시간관리 계획표

월간목표	MON	TUE	WED	THU	FRI	SAT	SUN
• • • • •							

* 각 일자(요일)의 칸에 해당 달의 일자를 적어넣고, 그 일자의 칸에 4주간의 각각의 주간목표 달성을 위한 활동(행동)을 기록할 것

4. 주간목표를 달성하기 위해 일주일 7일 동안에 해야 할 일의 우선순위를 정해보는 연습을 해 보기로 하자. 앞 3번 연습문제에서 설정한 이달의 첫째 주 주간목표 달성을 위한 행동을 아래 목표달성 행동 우선순위 매트릭스의 ABC 란에 적어보라.

A	B
· · · ·	· · · ·

C	D
· · · ·	

*연습을 위해 주간목표 달성을 위한 행동은 2-3개 정도로만 정하기 바람.

5. 앞의 3번의 월간목표를 달성하기 위한 첫 주간(위 연습문제 2번의 제1주 목표)의 시간관리 계획표를 만들어 보라. 그 한 주간은 이달의 첫 주간이라 생각하라(실제로 주간 시간관리계획표는 새 주간이 시작되기 1~2일 전에 만드는 것이 바람직함).

주간목표 • • •					일자 요일	V	ABC	시간	활동
일자 요일	V	ABC	시간	활동	THU				
MON					FRI				
TUE					SAT				
WED					SUN				

* 일자/요일 란에 1월 또는 현재 달 첫 주간의 일자와 요일을 기록한 후에 해당사항을 기록하기 바람

> 실제적 시간관리 연습을 위해 <My Life Planning Diary>나 <프랭클린 다이어리>를 구입해 연필로 기록하면서(향후 수정의 편의를 위해 연필 사용) 사용할 수 있고, 생애설계 앱(Attale Pro)을 내려받아 사용할 수도 있다.

생애설계 이해를 돕는 권장도서

1. 스티븐 코비[Covey, S](1989). 성공하는 사람들의 7가지 습관(7 Habits of Highly Effective People). 김경섭 역. 서울: 김영사

2. 린다 그래튼·앤드류 스콧[Gratton, L. & Scott, A.](2016). 100세 인생(The 100-Year Life: Living and Working in an age Longevity). 안세민 역. 서울: 출판사 클.

3. 조지 베일런트[Vaillant, G] (2002). 행복의 조건(Aging Well). 이덕남 역. 서울: 프런티어.

4. 윌리엄 새들러[Saddler, W.](2000). 서드 에이지, 마흔 이후 30년(The Third Age: 6 Principles for Growth and Renewal after Forty). 김경숙 역. 서울: 사이.

5. 존 로우·로버트 칸[Row, J. & Kahn, R.](1999). 성공적인 노화(Successful Aging). 최해경·권유경 공역. 서울: 학지사.

6. 엘렌 랭어[Langer, E.](2009). 늙는다는 착각(Counter Clockwise). 변용란 역. 서울: 유노북스.

7. 산제이 굽타[Gupta. S.](2020). 킵 샤프: 늙지 않는 뇌(Keep Sharp). 한정훈 역. 서울: 니들북.

8. 마리사 킹[King, M.](2021). 인생을 바꾸는 관계의 힘(Social Chemistry: Decoding the Patterns of Human Connection). 정미나 역. 서울: 비즈니스복.

9. 베카 레비[Levy, B.](2022). 나이가 든다는 착각(Breaking the Age Code). 김효정 역. 서울: 한빛비즈.

10. 최성재(2020). 생애설계와 시간관리. 서울: 서울대학교 출판문화원.

11. 최성재·장양범 저(2023). 활기찬 노후준비와 인생의 꿈 실현을 위한 생애설계 (50+ 대상 교육교재). 서울: 아셈노인인권정책센터.

저자 소개

저자(최성재) 소개

- 서울대학교 사회복지학과(학사)·미국 워싱턴대학교(석사)·미국 케이스 웨스턴 리저브 대학교(박사)
- 서울대학교 사회복지학과 교수·한양대학교 석좌교수
- 한국사회복지학회·한국노년학회 회장
- 대통령직속 저출산·고령사회위원회 위원
- 대통령비서실(청와대) 고용·복지 수석
- 국제노년학·노인의학회(IAGG) 부회장·IAGG UN 대표
- 한국노인인력개발원 원장
- (현)서울대학교 명예교수·한국생애설계협회 회장·아셈(ASEM)노인인권정책센터 이사장
- 저서: 노인복지학, 사회복지행정론, 사회복지 조사방법론, 사회복지개론, 생애설계총론, 새로 시작하는 제3기 인생, 생애설계와 시간관리, 활기찬 노후생활준비와 인생의 꿈 실현을 위한 생애설계(50+대상 교육 교재), My Life Planning Diary (나의 생애설계 다이어리) 외 15권
- 논문: 국내외 140여 편

저자(정양범) 소개

- 한국항공대학교(학사)·한양대학교 고령산업융합학과(석사)·한성대학교 지식서비스&컨설팅학과(박사)
- 한국생애설계협회 사무총장
- 매일경제 생애설계센터 센터장
- 서울사이버대학 겸임교수·한양사이버대학교 겸임교수
- 저서: 생애설계와 생애재무설계, 재무설계·커리어관리, 생애자산관리 워크북, 생애재무설계 워크북, 고용노동부 재취업지원서비스 운영 매뉴얼, 활기찬 노후생활준비와 인생의 꿈 실현을 위한 생애설계(50+대상 교육교재), 활기찬 노후생활준비와 인생의 꿈 실현을 위한 생애설계 배움카드 (50+대상 교육카드), My Life Planning Diary (나의 생애설계 다이어리) 외 8권

<부록 1>

생애설계 의식 및 행동 진단지

이 진단지는 생애설계에 관한 교육이나 자기학습(독서 등)을 통해 생애설계를 이해한 후에 자기 상태를 진단해 보는 데 사용하기 바람

<생애설계 의식 및 행동 진단지>

다음은 귀하의 8대 생활영역별 생애설계 의식과 행동이 어느 정도인지 알기 위한 진단 문항입니다. 귀하의 현재 생애설계의 각 영역별 의식과 행동이 어느 정도에 가장 가까운지 표시하여 점수(원점수와 환산점수)를 계산해보시오. 그리고 각 영역별 점수를 그림으로 그려 전체적 준비 상태와 영역별 준비 상태도 알아보시오.

생활영역	계획과 실천 내용	매우 그렇다 (5)	그런 편이다 (4)	중간 (3)	아닌 편이다 (2)	전혀아니다 (1)
직업/경력	노후의 원하는 어느 시기(나이)까지 계속 적성과 성격에 맞으며 내가 하고 싶은 일을 하기 위해 체계적으로 계획을 세워 준비하고 실천하고 있다.					
	원점수=			환산점수(원점수x20)=		
학습/자기개발	노후까지 계속 개인적으로 사생활, 직업생활 및 사회활동에 잘 적응하고 발전하면서, 동시에 사회에 필요한 사람이 되기 위해 스스로 학습과 자기개발을 체계적으로 계획하여 실천하고 있다.					
	원점수=			환산점수(원점수x20)=		
건강	노후까지 계속 건강을 지키고 다른 사람에게 부담을 주지 않기 위해 질병 예방과 치료, 균형잡힌 영양식 습관, 운동의 습관화 및 추가적인 의료비 마련을 위해 체계적인 계획을 세워 실천하고 있다.					
	원점수=			환산점수(원점수x20)=		
가족/사회관계	노후까지 계속 가족(부모, 배우자, 자녀), 형제자매, 친구 및 일반 지인들과 친밀한 관계를 유지하기 위해 체계적으로 준비하여 실천하고 있다.					
	원점수=			환산점수(원점수x20)=		
주거	노후까지 계속 나와 가족의 생활공간을 안전하고 편리하게 마련하고 관리하기 위해 체계적으로 계획을 세워 실천하고 있다.					
	원점수=			환산점수(원점수x20)=		

사회참여/ 봉사	노후까지 계속 지역사회와 국가 사회의 일원으로 다른 사람들과 함께 살아가기 위해 시민사회단체 활동, 자원봉사 활동, 기부활동 등을 체계적으로 계획하여 실천하고 있다.				
		원점수=		환산점수(원점수x20)=	
여가/ 영적 활동	노후까지 계속 삶의 휴식을 즐기고, 생활의 활력을 얻기 위해 여가활동, 취미활동, 영적 활동(종교활동) 등을 체계적으로 계획하여 실천하고 있다.				
		원점수=		환산점수(원점수x20)=	
재무	노후까지 계속 생활의 다양한 영역에 필요한 생활자금을 여유 있게 마련하기 위해 체계적인 계획을 세워 공적연금/퇴직연금/개인연금 가입, 자산관리 등으로 준비하고 있다.				
		원점수=		환산점수(원점수x20)=	
전체		원점수=		환산점수(원점수x20)=	

*이 진단지는 미국노년학회지(Journal of Gerontology) 게재 Anna Kornadt의 논문(2000 및 2014년)에서 사용한 노후준비척도(Preparation for Old Age in Different Life Domains)를 참고하여 작성함(작성자: 최성재)

<생애설계 의식 및 행동 지표 생활영역별 진단 그림>

각 영역별 환산점수에 해당하는 점수를 그림에서 점으로 표시하여 연결하여 보시오.

* 환산점수 총점(전반적 생애설계)과 각 영역별 점수(영역별 설계)의 판단 기준
90 이상: 최우수   80-89: 우수   70-79: 미흡   69 미만: 아주 미흡

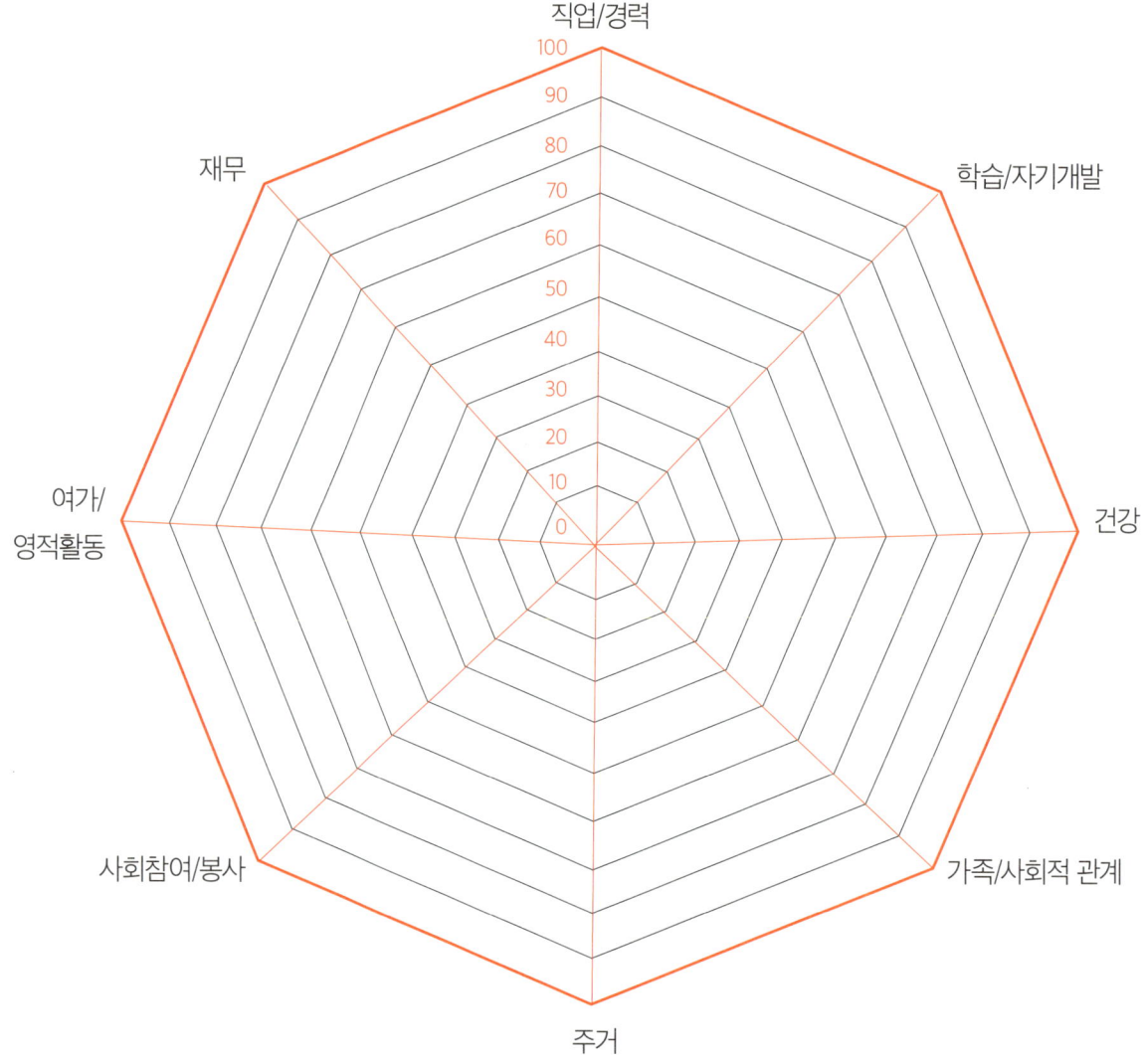

<생활영역별 생애설계 진단점수 연결 형태 설명>

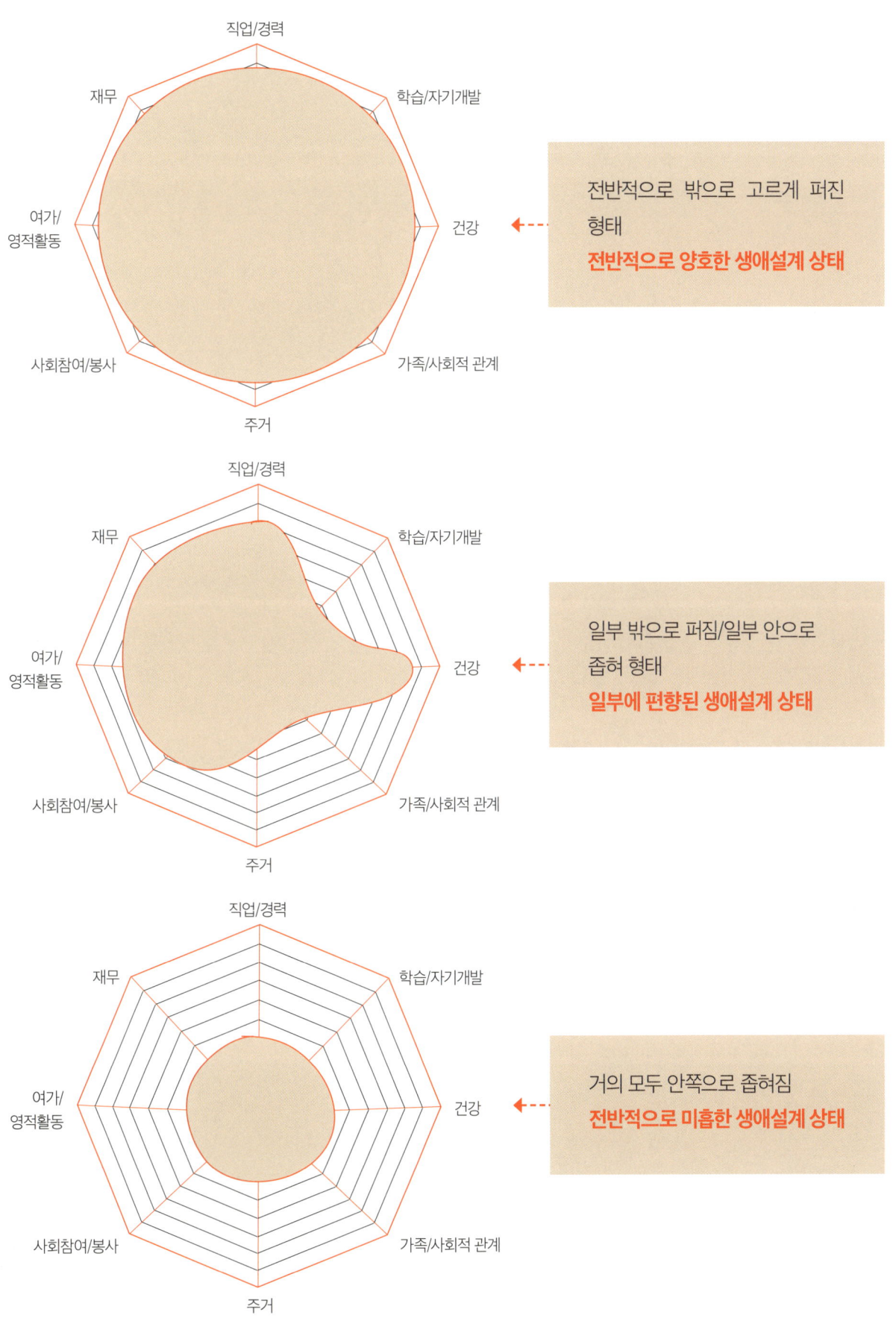

<부록 2>

나의 생애설계서

작성 일자: _____년 ____월 ____일

작성자(성명): _____(만 ____세)

1. 인생의 꿈 확인

생활영역	인생의 꿈

*생활영역별 인생의 꿈은 8개 영역 전부 또는 일부를 선택할 수 있음

1. 인생의 꿈 확인

2. 생애목표 설정

1)생애 최종목표

생활영역	최종목표

2. 생애목표 설정

2. 생애목표 설정

2) 목표체계

생활영역 1: _____
<목표체계>

목표구분		생애목표
인생의 꿈		
최종목표		
장기목표		
중기목표		
단기목표		

*장기목표는 1-2개 정도로 설정하고 이에 따른 중기-단기목표도 각각 1-2개로 설정하고 목표번호를 붙일 것

<단기 매년목표>

생활영역 1(영역) 단기 매년목표	
연도	목표

생활영역 2: _____
<목표체계>

목표구분		생애목표
인생의 꿈		
최종목표		
장기목표		
중기목표		
단기목표		

*장기목표는 1-2개 정도로 설정하고 이에 따른 중기-단기목표도 각각 1-2개로 설정하고 목표번호를 붙일 것

<단기 매년목표>

생활영역 2(　　영역) 단기 매년목표	
연도	목표

생활영역 3: _____
<목표체계>

목표구분		생애목표
인생의 꿈		
최종목표		
장기목표		
중기목표		
단기목표		

*장기목표는 1-2개 정도로 설정하고 이에 따른 중기-단기목표도 각각 1-2개로 설정하고 목표번호를 붙일 것

<단기 매년목표>

생활영역 3(　　　영역) 단기 매년목표	
연도	목표

생활영역 4: _____

<목표체계>

목표구분	생애목표
인생의 꿈	
최종목표	
장기목표	
중기목표	
단기목표	

*장기목표는 1-2개 정도로 설정하고 이에 따른 중기-단기목표도 각각 1-2개로 설정하고 목표번호를 붙일 것

<단기 매년목표>

생활영역 4(영역) 단기 매년목표	
연도	목표

생활영역 5: _____

<목표체계>

목표구분		생애목표
인생의 꿈		
최종목표		
장기목표		
중기목표		
단기목표		

*장기목표는 1-2개 정도로 설정하고 이에 따른 중기-단기목표도 각각 1-2개로 설정하고 목표번호를 붙일 것

<단기 매년목표>

생활영역 5(　　　영역) 단기 매년목표	
연도	목표

생활영역 6: _____

<목표체계>

목표구분		생애목표
인생의 꿈		
최종목표		
장기목표		
중기목표		
단기목표		

*장기목표는 1-2개 정도로 설정하고 이에 따른 중기-단기목표도 각각 1-2개로 설정하고 목표번호를 붙일 것

<단기 매년목표>

생활영역 6(영역) 단기 매년목표	
연도	목표

생활영역 7: _____
<목표체계>

목표구분		생애목표
인생의 꿈		
최종목표		
장기목표		
중기목표		
단기목표		

*장기목표는 1-2개 정도로 설정하고 이에 따른 중기-단기목표도 각각 1-2개로 설정하고 목표번호를 붙일 것

<단기 매년목표>

생활영역 7(영역) 단기 매년목표	
연도	목표

생활영역 8: _____

<목표체계>

목표구분	생애목표
인생의 꿈	
최종목표	
장기목표	
중기목표	
단기목표	

*장기목표는 1-2개 정도로 설정하고 이에 따른 중기-단기목표도 각각 1-2개로 설정하고 목표번호를 붙일 것

<단기 매년목표>

	생활영역 8(영역) 단기 매년목표
연도	목표

3. 생애목표 달성을 위한 시간관리계획 수립과 실천

이 연간목표의 표는 프랭클린 다이어리 사이즈에 맞게 프린트하여 오려 붙일 수 있으며, 생애설계 앱에 입력할 수도 있음

1) 연간목표(_____년)

생활영역	목표

생활영역	목표

2) 월간목표 및 시간관리 계획표

*이 월간 시간관리 계획표는 현재 달의 것이며, 12개월 매월의 시간관리 계획표 양식은 실제로 프랭클린 다이어리나 휴대전화 생애설계 앱을 활용하면 됨.

_____년 (　)월 월간 시간관리 계획표			
월간목표	MON	TUE	WED
· · · · ·			

THU	FRI	SAT	SUN

3) 주간목표 및 시간관리 계획표

*이 주간 시간관리 계획표는 현재 주간의 것이며, 매월 매주간 시간관리 계획표는 실제로 프랭클린 다이어리나 휴대전화 생애설계 앱을 활용하면 됨.

주간목표
-
-
-

일자/요일	V	ABC	시간	활동
MON				
TUE				
WED				

일자 요일	V	ABC	시간	활동
THU				
FRI				
SAT				
SUN				

이 <생애설계서>는 연습용이므로 생애설계서와 1년간 시간관리 계획표를 대신하기 어려움.
실제 사용을 위해서는 한국생애설계협회 발간의 <MyLifePlanningDiary>나 <프랭클린다이어리>를
구입하여 사용할 수 있고 또한 한국라이프플래닝연구소에서 개발한 생애설계 앱(Attale Pro)을
내려받아 사용할 수 있음.